JN134014

自己啓発をやめて哲学をはじめよう

その絶望をどう扱うのか

酒井 穣
Joe Sakai

フォレスト出版

自己啓発をやめて哲学をはじめよう

その絶望をどう扱うのか

酒井 穣

Joe Sakai

フォレスト出版

はじめに

書店には、自己啓発書があふれています。そうした自己啓発書を読めば、あなたの自尊心が満たされたり、金銭的な成功を得ることができるのでしょうか。

結論から先に言ってしまえば、この答えはNOです。

では自己啓発セミナーに出れば、これらは達成されるのでしょうか。この答えもまたNOです。

多くの人は、潜在的に、自己啓発書や自己啓発セミナーには、それぞれが求めている効果はないことを知っています。実際に、それらの内容を全面的に信頼している人は少ないというリサーチ結果があるのです[※1]。むしろ「目新しい意見はない」といった冷静な目で、自己啓発の内容を疑ってさえいます。

ここには希望があります。本書が狙《ねら》いたいのは、そもそも本当は信頼していない

※1 牧野智和『日常に侵入する自己啓発―生き方・手帳術・片づけ』p37-40、勁草書房、2015年4月9日

自己啓発から離れよう、距離を置こうということだからです。
もちろん、本来の意味における自己啓発とは「自らの意思で勉強する」ことであり、それ自体は、いつの時代にも必要なことです。しかし、それが超自然的なアヤシイもので、科学に立脚していない場合は、とても危険です。本書は、そうした本来の意味における自己啓発をはずれてしまっている、現代の日本における自己啓発ブームに警鐘を鳴らすものです。

自己啓発ビジネスというのは、非常によくできた、歴史のある貧困ビジネスです。そして貧富の格差（二極化）が進み、貧困に怯《おび》える人が増えるほどに儲《もう》かる仕組みになっています。※2
イギリスの社会学者アンソニー・ギデンズも、現代のように様々な仕組みが揺らぐ社会においては「なにをなすべきか、どう振る舞うべきか」という問いに、人々が惹《ひ》きつけられやすいことを指摘しています。※3
現代の日本で自己啓発に救いを求めやすい人の属性としては、大卒の男性、正社員であり、体育会系の背景を持っている人のようです。※4 この調査結果は、少し意外

※2 こうした自己啓発ビジネスが危険なのは『三国志』の時代から変わりません。『三国志』の英雄として有名な曹操孟徳も、疫病や飢饉が絶えなかった当時流行した様々なオカルトの取り締まりに苦労しています。
※3 アンソニー・ギデンズ『近代とはいかなる時代か？―モダニティの帰結』（而立書房）
※4 牧野智和『日常に侵入する自己啓発―生き方・手帳術・片づけ』p27-29

です。なぜなら、大卒、男性、正社員、体育会系という属性は、日本の大企業に勤務する人の特徴であり、貧困とは無縁に思えるからです。

この背景として推測されるのは、少子高齢化により衰退する日本において、そうした人たちでさえ貧困の危機に直面しているのではないかということです。貧困に怯える人ほど、自己啓発のカモになりやすいとするなら、今最も貧困を恐れているのは、大企業に勤務するビジネスパーソンなのかもしれません。

とにかく、自己啓発のカモになると、その代償はお金を失うことだけではありません。親族や友人に対して高額な商品を売りつけようとして、家族や友達との関係が破壊されてしまったりします。また、自己啓発に傾倒していることは、自らが科学的ではないことを周囲に示してしまい、社会的な信頼を失います。

とはいえ、科学にも限界があり、科学的であることは万能ではないことを認めないとなりません。そして自己啓発ビジネスは、得てして目に見えないもの、科学でも証明できない部分で成立するものです。目に見えないものだからこそ信じるというのは、もしかしたら、人間に備わっている本能の一つなのかもしれません。

ただ、現代社会が科学から多くの恩恵を受けており、科学的なものから乖離《かいり》すれば孤立することになるのは確実です。

たとえば「書いたことは、現実になる」[※5]といった非科学的なことを信じて、真剣に周囲にもすすめている人がいたとしましょう。その人は、同じ自己啓発に傾倒している人（特定のコミュニティー内部の人）としか付き合えなくなります。そうなれば、その人は特定の自己啓発の外の世界との接点を失い、完全に、その自己啓発の世界から抜け出せなくなります。

自己啓発ビジネスを仕掛ける側は、社会不安が増している現代の状況と、そうした不安を抱えている人間を囲い込む方法をよく知っています。

具体的には一度、自己啓発のカモとして取り込んだら、その人に対して、外部との深い接触を禁止することが多いのです。少なからぬ宗教が、異教徒との接触を直接・間接に制限する背景にも、研究者による同様の考察があります。

現代の自己啓発の場合、こうした囲い込みの手口はさらに巧妙で、接触を制限するだけでなく、外部の一般人を「わかっていない人々」として見下す文化の形成を行います。現代の自己啓発は、他者を見下す機会を増やすことで、カモとなる人の

※5　七夕の短冊や神社に奉納する絵馬など、書いたことが現実にならない事例も多数あるため、事実とは言えません。

自尊心を満たそうとするわけです。裏を返せば、現代という時代は、承認欲求に飢《う》えている人が多いということなのでしょう。

自己啓発ビジネスは、このように、自尊心が満たされていない人をターゲットにしています。ですから、自己啓発のコミュニティー内部にいる人に対しては、それぞれの自尊心が高まるような仕組み（努力に比例してレベルやステージが上がるなど）が精緻《せいち》に構築されています。

そうして内部ではお互いのことを認め合いながら、外部の一般人のことは、それが親族であったとしても「どうして、こんな素晴らしいプログラムに賛同しないのか」と、時には敵視さえします。こうした仕組みによって、自己啓発に傾倒してしまった人は、生涯にわたってその自己啓発の仕掛け人たちに囲い込まれるわけです。

周囲から隔離されているリゾート地の自動販売機は、飲料などを、通常価格よりも高額に販売していることに気づいている人は多いでしょう。

他者の囲い込みに成功すると、儲《もう》かるのです。自己啓発が狙っているのは、これと同じことです。特定の人を世間から隔離し、唯一無二の生活環境を与えることで、経済的な競争を回避しつつ、同じものを市場よりも高く売るというビジネスに成功します。

この一方で、自己啓発のカモに対しては「お金を得ることが、幸せではない」と、財布の紐《ひも》をゆるくさせるための教育も忘れません。場合によっては、市場では価値のないものを、高額で販売するということも平気で行います。

実は、私が本書を書くことを決意したのは、私の大切な友人の1人が、自己啓発の世界から戻って来られなくなったからです。偶然ですが、本書の編集者も、私と同じ体験をしています（だからこそ本書の出版が成立しています）。

残念ですが、こうした友人たちには、本書の内容が届くとは思えません。私の友人の場合は、瞑想《めいそう》セミナーから入って（おそらくは神秘体験※6があり）、前世だったり、大いなる意思だったり、アカシックレコードといった世界を信じる方向に行ってしまいました。もはや、その友人とはまともにコミュニケーションを取ることもできません。

そうした自分と本書の編集者の体験からも、少しでも自己啓発の犠牲になる人が

※6　幻覚を見たり、幻聴を聞いたりするといった不思議な神秘体験というのは、意図的に起こすことが可能なことがわかっています。自己啓発を仕掛ける側は、これを自分たちの主張が正しいことの証拠として使います。

減ることを願って、そして、私たちの友人が自己啓発の世界から戻ってくることに少しだけの希望を持って、本書は執筆されています。

逆説的ですが、少なからぬ自己啓発には、お手軽な方法で元気になれるサプリメント的な意味があります。ただ、そうした自己啓発の世界にハマりすぎて、人間関係が制限され、通常の社会生活が営めなくなるほどになってしまう犠牲者も多数います。どうしても、自己啓発とは、適度な距離が必要なのです。そして、そうした適度な距離を取るために必要なのは、哲学だと考えています。

哲学とは、真実を（科学的な技法によって）明らかにしていくときの態度を示したものです。

ただ、ここについては様々な定義があり、一概には言い切れないところもあります。しかし少なくとも本書は、哲学と科学を血のつながった兄弟のようにとらえて話を進めます。ただし、科学的な教育を受けていても、自己啓発の世界にハマってしまう人がいることからも明らかなとおり、科学があれば、哲学はいらないということにはなりません。

そして意外かもしれませんが、自己啓発と哲学は表裏の関係にあります。その意味では、自己啓発にハマッてしまう人には、哲学の素養もあると信じています。だからこそ、本書は自己啓発と哲学の違いに注目しています。

この不思議な世界に対して、不思議な理由を付けて、他人を利用しようとするのが自己啓発の立場です。それに対して、不思議なことに勝手な理由を付けず、それを科学的に解明しようとするのが哲学の立場だと思ってもらってよいでしょう。

この二つの立場は「この世界が不思議である」という点において好奇心の方向を同じにしています。しかし、出口だけが決定的に異なっているのです。

誰もが、自己啓発と哲学の間で揺れ動いていると考えれば、自己啓発に傾倒してしまう人々の気持ちも理解できます。子供のころは、誰もが一度はオカルトにハマッたりもします。そもそも人間は不思議なことに関心がいくようにもなっていますし、それとわかって楽しむ分には、オカルトもまた面白いものです。

あくまでも、その沼に落ちてしまわなければの話ではありますが……。

この世に悪徳な自己啓発ビジネスが存在できてしまうのは、私たちの人生には、悲しいことが起こるからです。そうした悲しいことは、あとから振り返ると、人生にとって大事な別れ道になっていることが多いものです。

専門的には、心的外傷後成長（Post Traumatic Growth/PTG）と言います。そうした悲しいことを、哲学によって克服できたとき、私たちには成長が与えられます。しかし、そうした悲しいことを自己啓発によって克服しようとすれば、狂気の世界から抜けられなくなるのです。であれば、私たち人間は、悲しいことを克服するときの判断に、もっと慎重であってよいはずでしょう。

ただ、私たち人間には、そうした悲しいことの最中にあるとき、慎重さを失うという特徴があるようなのです。それは、悲しみというものが、人間を破壊してしまうほどに危険なものであり、そこから少しでも早く逃れたいというのが自然なことだからでしょう。ちょうどそれは「溺《おぼ》れるもの、藁《わら》をもつかむ」という表現に合致しています。

そしてこの世界には「溺れている人に対して藁を売る」という自己啓発が、手を替え品を替え存在してきました。ここで売られている藁は、例外なくお手軽であり、怪しいものです。普通の状態であれば、誰も、そうした藁をつかむことはないはずです。しかし、私たちは深い悲しみにあるとき、怪しいものであっても信じたくなるものです。そして藁を、自己啓発をつかんでしまうことがあるのです。

本書は、現代の日本における自己啓発の多くを「溺れている人に藁を売る商売」として告発するものでもあります。そのうえで、悲しいことを克服する本当の道として、哲学への誘いをテーマとしています。

繰り返しになりますが、**本書は、自己啓発という言葉を、本来の「自らの意思で勉強する」という意味で用いていない点には注意してください。それがなんであっても勉強をするということ自体は、とても大事なことです。問題は、そのときの前提にこそあります。**

藁をつかんでしまう人と、本当の救済に近づける人の根本的な違いについて、本書では繰り返し警告を出していきます。この二者の最も重要な違いは、**答えを自分の内側に求める人が藁をつかみ、答えを自分の外側に求める人には哲学という救済の可能性がある**ということです。

自分の内側を見つめ、自分の可能性を信じれば信じるほどに、薄っぺらな自己啓発ビジネスの罠《わな》にハマることになるのです。

自分の内側にひそんでいる可能性など、あきらめるべきです。あなたが100メートル走で10秒を切ることをあきらめているのと同様に、自分が歴史に名を残す何者かになることもあきらめるべきです。

ここで誤解を避けるために、あきらめるという言葉の語源について少しだけ考えておきます。あきらめるとは、本来「あきらかにする」という意味を持つ言葉です。その大元になっているサンスクリット語（サトヤ）は、そもそも真理を意味する言葉です。あきらめるという言葉は、本来、ネガティブな意味を持ちません。

自分をあきらめること、すなわち自分への執着を捨て去ること（無我）の大切さは、多くの哲学者に共通する結論の一つです。

たとえばソクラテス※7は、これを「無知の知」と呼び、親鸞《しんらん》※8は同じことを「他力本願」と呼びました。要するに、自分など取るに足りない存在であり、そうした自分に期待することなど無意味なことだとあきらめる（そういう真理をあきらかにする）ことが、良い人生を送るうえで大事な一歩だということです。

悲しいとは、虚《むな》しいという感覚の中にあるときの感情です。そして哲学は、この、

※7　ソクラテス（紀元前469年ごろ～紀元前399年）は、古代ギリシアの哲学者で、哲学の祖とも呼ばれます。著作を残さなかったため、ソクラテスについて現代にまで伝わる情報や思想は、プラトンに代表される弟子たちの仕事によるものです。

※8　親鸞（1173年～1263年）は浄土真宗の開祖とされる僧侶です。自分についてはほとんどなにも語らなかったため、不明な点も多くあります。自らの努力による悟りを否定し、ただ、仏を信じることによる救済を説いたとされます。

虚しいという感覚を越えていくために人類が築いてきた知の体系になっています（そのために、虚しいという感覚を大切にもします）。そんな哲学の第一歩は、自分に期待しないことにつきるのです。

酒井穣

自己啓発をやめて哲学をはじめよう　目次

第3章 哲学への誘い

古典的な哲学のおおまかな流れ

第１章

自己啓発をあきらめる

自分が真実から目をそむけて、
子どもたちに本当のことが語れるのか。
――宮沢賢治

現代の日本で自己啓発が流行る理由

衰退する社会での生き残り競争

若者の行動が大きく変化してきているのを感じます。良い大学を出て、有名な大企業に入ることを、むしろ避けているようでさえあります。

私は、この背景にある理由は、とてもシンプルなものだと考えています。かつての右肩上がりの日本は完全に消滅し、今後の日本は、継続的な衰退を経験していくことになります。若者は、そうした未来を見据えており、迫りくる厳しい時代に生き残る難しさを生物として真剣に感じ取っているのでしょう。

今後の日本は、ただ衰退するのではありません。人工知能（ＡＩ）の登場により、既存の様々な産業が破壊され、衰退しながらも、雇用は加速度的に失われていくのです。私たちはこれから、ただ生き残ることさえ難しい時代に突入していくわけです。

普通に考えれば、人工知能が本格的に人間の仕事を奪いはじめるまでの猶予期間は残りわずかです。三菱総研によれば、人工知能によって2030年までに730万人の雇用が奪われるそうです。[※9]であれば、この残りわずかとなってきた猶予期間に、生活防衛のための資産を形成する以外に、取り得る生き残り戦略がありません。変化に敏感な若者が焦る理由も、このあたりにあるのでしょう。

とはいえ、未来のことは不確実です。

もしかしたら、人工知能の影響は小さいかもしれません。ただやはり、切符を切る仕事は自動改札になり、レジもまた自動化してきており、近未来にはタクシーなどが無人化していくことは疑えません。そうして人工知能がどこまで人間から職を奪うのかは、今のところ正確にはわかりません。ただ、若者でなくても、この状況をのんびりと見ているだけというわけにはいかないでしょう。

人口という側面からの市場の縮小も深刻です。国土交通省の試算によれば、20

※9　日本経済新聞社「三菱総研が試算 20年代半ば以降、一転して人材余剰に」。2018年7月25日の記述によれば、人工知能は730万人の雇用を奪いつつ、人工知能の技術開発といった分野で新たに400万人の雇用を生み出すとしています。ただ、人工知能によって雇用を奪われた人が、その技術開発に従事することは不可能と考えられるため、奪われる雇用と創出される雇用は、単純に差し引きできないと思われます。

50年には、日本の6割以上の地域において、人口は半分以下（2010年との比較）になります。[※10]そうして2100年には、日本の人口は5000万人を下回る可能性が指摘されているのです。[※11]

しかし、普通に出生率を上げていく方向では、この少子高齢化からの人口減少を止めることはできません。人口ボリュームの大きい団塊ジュニア世代（1971年〜1974年生まれの世代）が、生物学的に出産できる年齢（43歳前後とされる）を越えてしまったからです。少しくらいの出生率の向上では、とてもこの状況を逆流させることはできません。

悪いことに、日本の社会福祉は、人口が増えていくことを前提として設計されています（賦課方式）。日本では、現役世代が高齢者を支える形になっているのですが、少子高齢化の時代には、この仕組みは機能しません。

これからの日本は、どんどん人口が減っていくだけでなく、社会福祉の後退とともに、急速に沈没していくわけです。そして日本全体として、悲惨の中に突入していきます。

※10 国土交通省「新たな『国土のグランドデザイン』骨子参考資料」2014年3月28日
※11 国土交通省『国土の長期展望に向けた検討の方向性について』2010年12月17日

働き方が曖昧になりつつある今、自分で自分の未来を考える

かつて、飢えている子供の写真を見て「外国は大変だな」と感じたことがあるかもしれません。実際に現在の世界では、およそ8億人の人々（9人に1人）が飢えています。人類は、飢えのない世界の構築に失敗し、こうして飢えている人口はむしろ増えています。

ここで、今の世界では、先進国と発展途上国のフラット化（先進国の既得権が減り、発展途上国との差が小さくなる現象）が進んでいるという事実を忘れるべきではないでしょう。つまり、こうした飢えは、どこか遠くの外国の話ではなく、今後の日本にも確実にやってくるのです。私たちは、かつて対岸の火事に感じられたことが、自分のところにも飛び火してくることに、恐怖する必要があります。

止められない衰退の中にある日本で生きていくかぎり、これまでと同じやり方では、とても生き残れません。そもそも、日本という国家が存続できるかさえ、心も

となない状況なのです。若者は、沈みゆくタイタニック号の中で、先輩から掃除の仕方を習っている余裕はありません。なんとか生き残るために、日本の若者は、自分の未来を自分で考えるという特徴を備えはじめているのです。

若者がそうして行動の方向性を「かつての安定」から「これからの生き残り」にシフトさせている今、日本は明らかにざわつきはじめています。労働の概念は曖昧《あいまい》になり、混乱しています。労働時間が減ってきているのは、それが確実にゼロ（失業）に向かっていることを考えると不気味です。

働き方改革による残業ができない環境の出現は、実質的な賃金の低下を招いています。そのかたわらで、一般の労働者と無制限に働くことができる経営者との間に、無視できない経験格差が生まれてしまっています。この経験格差は、そのまま、賃金の格差となって貧富の格差（二極化）を生み出しているのは、ご承知のとおりです。

たとえば、飢えている人に対して「1日8時間を超えて釣りをしてはならない」という労働制限がいかに過酷なものであるかを考えてみてください。

働き方改革は、一見すると、労働者のためになっているようにも思われます。しかしそれは、あくまでも、労働者に経済的に余裕のある場合の話です。そして今後の日本では、経済的に余裕のある労働者というのは、どこを探してもなかなか見つからない状況になっていきます。そんな状況で、働き方改革という名の労働制限が行われているのです。

労働者の不安は大きくなるばかりです。それにもかかわらず、これというわかりやすい解決策はなさそうです。統計的には、自分自身も貧困層に取り込まれていく未来を想定する必要があります。そして統計は、残酷にも、私たちの未来を非常にうまく予言するものです。

確実なことは、日本が沈んでしまう前に十分な資産を築けなかった人から先に、悲惨の中心で踊ることになるということです。

様々なデータが、日本全体が衰退しながら、格差がどんどん拡大している事実を示しています。このとき、富裕層として格差の上にいる人々は、贅沢《ぜいたく》をしようとしているのではなく、不安から逃れようとしているだけだったりもします。

実は、現代の日本が経験しているこうした状況は、人類史上はじめてのことでは

ありません。過去、ローマ文明、漢《かん》文明、メソポタミア文明など、その高度に発達した豊かさにもかかわらず、滅んでしまった文明とよく似た道筋をたどっています。こうした過去の偉大な文明も、止められない二極化によって滅びたと考えられているのです。※12

数千年という時間は、人間の遺伝子にはほとんど影響しません。人間は本質的には変化していないとするなら、今の私たちの文明も、いずれは、過去と同じ理由で滅びると考えられるのです。

今の日本に迫りつつある危機に鈍感な人もいるでしょう。同時に、これに対して敏感に、時に過剰に反応する人も出てきます。

そして、この危機感はビジネスになります。タイタニック号が沈没してしまう前に、救命ボートになる資産の形成を急ぐ必要があるため、ストレートには、資産形成につながるような自己啓発が流行《はや》るでしょう。それが資産形成も含めた運気が上昇するといった話になると、完全にオカルトであり「溺れるもの、藁をもつかむ」という世界で、藁を売るようなビジネスです。

※12 Nafeez Ahmed, "Nasa-funded study: industrial civilization headed for 'irreversible collapse'?",the Guardian, March 14, 2014.

末期的な環境には自己啓発が入り込む

専門的には適応機制《てきおうきせい》というのですが、人間を含む霊長類の一部は、本当に望むものが入手できないとき、その対象を「つまらないもの」としたり、ほかに「より大切ななにか」を定義して、そちらに意識をそらすという特徴があります。

たとえば、好きな人に告白をして失敗したら、その好きな人のことを「つまらない人間」として忘れようとするのも、適応機制です。こうした適応機制を利用して「お金にとらわれない、精神的に豊かな生活」といった、中身はなくても響きのよい言葉を売り文句とする自己啓発も、すでに多数生まれています。

このような末期的な環境においては、「不安（Fear）」「不確かさ（Uncertainty）」「疑念（Doubt）」の頭文字を取ったFUDというマーケティング手法[※13]が用いられます。そうして、プラシーボ（偽薬）効果[※14]以上の効果のないものが多数売られ、購入されていくというのが現実です。

※13 消費者や大衆の「不安、不確かさ、疑念」を煽ることで、自社の目的を達成するマーケティング手法一般のことを指す言葉です。今を逃したら手に入らないという具合にタイミングを強調したり、あなただけ特別という具合に数の限定性を強調したりもします。

※14 プラシーボ効果（偽薬効果）とは、本来は薬としての効果がないにもかかわらず、それを処方される本人が効果を信じることで、なんらかの良い効果が実際に認められる現象のことです。

こうしたＦＵＤに引っかかってしまう人は、ある意味では、普通の人よりも危機に敏感な人でもあります。だからこそ、ＦＵＤが効きやすいのです。ただ、そうして手に入る自己啓発という藁では、危機を回避することはできないという点には、どうしても注意する必要があるでしょう。

そうしたインチキとしか言えない自己啓発を売る側もまた（はじめのうちは）罪悪感を持っていることもあります。しかしいつしか、そうしたインチキから足を洗うことができなくなります。こうした時代には、たとえインチキだとしても資産の形成を急がないと、自分の未来も危なくなるからです。

結局のところ、**溺れる人に藁を売るその人もまた、溺れているのです。自己啓発を仕掛ける人々は、そうして自己啓発による儲けによって資産形成を進め、自分のための救命ボートを確保しようとしています。**

こうして自己啓発をめぐるマーケットはどんどん拡大していき、そこで生まれる犠牲者のお金が、自己啓発を仕掛ける人々の救命ボートになっていくというわけです。

困ったことに、自己啓発は、そうして少なくない雇用を生み出しています。自分たちが売っているものが藁であると理解しているのなら、まだ救いがあります。しかし、本当に善意から、それとは知らずに自己啓発を売っている人々も多数存在しています。

社会不安が増大することで、自己啓発の需要は高まってしまいます。そこに大きな需要があるため、自己啓発を売る側を規制することは、かなり難しいというのが現実です。であれば、個人レベルで、そうした自己啓発を警戒していくしかないでしょう。

自己啓発では金銭的な成功が得られない理由

金銭的成功の不都合な真実

社会不安が高まる中で、自己啓発は直接・間接に、金銭的な成功（資産の形成）に対する効果を主張します。無数に生まれている仮想通貨の周囲に形成されるグループの多くも、立派な自己啓発ビジネスです。

「ゴールドラッシュにはツルハシを売れ[※15]」と言いますが、仮想通貨の周囲では「仮想通貨で儲ける方法」といった情報商材が無数に登場しています。

当たり前の話ですが、お手軽に儲ける方法を知っている人が、それを他者に有料で開示するのはおかしなことです。本当に、お手軽に儲ける方法を知っているなら、

※15　新たな金鉱山が見つかると、多くの人がそこで金を掘ろうと殺到します。このブームを特にゴールドラッシュと言います。ゴールドラッシュが発生したとき、本当に儲けるのは、金を掘るためにみんなが必要とするツルハシを売る人です。しかし、そのツルハシを買った人は、金を掘り当てることはできません。他者のあとから金を掘りに行っても、そこはすでに掘りつくされているからです。

自分でそれを実行すればよいだけなのですから。

注意したいのは、一見、金銭的な豊かさを否定して、高い精神性を謳《うた》うような自己啓発もまた、お金への執着をビジネスのネタにしていることです。

たとえば「現世での成功といったことから自由になる」という謳い文句は、現世での成功に執着している人をターゲットにしているのです。そう考えると、それが自己啓発かどうかは、成功の肯定であれ否定であれ、周囲にただよう「お手軽なお金の匂《にお》い」で判断することも可能かもしれません。

結局のところ、いかに真剣に自己啓発を進めても、金銭的な成功はもちろん、高い精神性もまた実現されません。逆に本当に効果があるなら、それは科学的な検証の対象として、世界的な研究のテーマになっているはずです。ただ、自己啓発を仕掛ける人々は、それに先回りをして「世界で認められている」という嘘《うそ》の宣伝をしてくるので、非常にやっかいです。

こうした自己啓発をインチキであると見抜くのは、どんどん難しくなってきています。

自己啓発は巧妙にも、自らが悪徳の自己啓発であることを隠すために、科学的な権威を利用するようになっているからです。

そうした権威の代表格が、自己啓発を仕掛ける側の学歴へのこだわりです。それは代表者を含めた主要メンバーの学歴だったり、学歴のある人からの推薦だったりと、形は様々です。学歴が足りない場合、ディプロマ・ミル[※16]を発行する海外の大学から偽の学位を買っている場合もあります。海外の大学だと、その大学が実在するかどうかを判断することが困難であるため、一時期は、こうしたディプロマ・ミルが大いに儲けました。

ここで、自己啓発にとっては不都合な真実に触れておきたいと思います。実は、金銭的に成功している人、すなわち資産の形成に成功している富裕層の特徴は、社会学的にはかなりの程度わかっているのです。

簡単に言えば、日本における富裕層の特徴とは、

（1）英語力を持っていること

（2）学術書をたくさん読んでいること

※16 お金で（偽物の）学位を買うことができる大学を模した機関で、認定機関から、正式な認定（アクレディテーション）を受けているかのように振る舞います。その多くで、実際の授業などは行われず、履歴書だけで修士や博士といった偽の学位が出されます。名称が有名大学を模していることも多く、教員の情報はなかったりすることが普通です。日本でも、ディプロマ・ミルの学位で大学の教員になっているケースがあり、話題となりました。

（3）親もまた富裕層であること

の三つです。決して、自己啓発を学んでいることではありません。

まず、英語が使えるか使えないかで、男性の場合で18％、女性では40％もの所得格差が生まれます。[※17]

現代は、世界の半分の人口が英語を使うという時代です。今後は日本の極端な人口減少にともない、国内の市場は縮小していきます。そうした現代にあって、そもそも英語ができないと、商売が不利になるのは当然でしょう（ただし近い将来、自動翻訳ができてしまうため、英語力も有効ではなくなる可能性が高いのですが）。

次に、読書量と年収には相関があることが指摘されています。

特に、富裕層であるほど学術書を読んでおり、年収が低くなるほどに自己啓発や漫画を読んでいることもわかっています。[※18] **そもそも自己啓発にハマっていることは、年収が低い人（または将来的に年収が低くなる人）の特徴なのです。**

これは、自己啓発が貧困ビジネスであることを裏付けているでしょう。さらに富裕層は著者名で読む本を選んでいるのに対して、年収が低い人は読む本をタイトルで選んでいるようです。

※17 2005年11月の朝日新聞では、仕事で英語を使う人は、使わない人に比べ、女性で40％、男性で18％年収が高いことが示されています。
※18『PRESIDENT（プレジデント）』2012年4月30日号

そして最後に、親が富裕層だと、その子供もまた富裕層になりやすいというのは、世間でもよく知られているとおりです。

その根本的な原因は、労働が生み出す富の成長率よりも、投資から得られるリターンの成長率のほうが大きいからです。[※19]

嫌な話ですが、これは、一生懸命働くよりも、株や土地などに財産を投資したほうが生産性は高くなるという事実を示しています。そして親が富裕層だと、相続した財産を投資に回せます。その分だけ、投資をしないで普通に働く人よりも、ずっと効率的に財産を増やすことが可能になります。

当然ですが、同じ理屈から、投資に回すことができるだけの収入を得ている人のほうが、そうでない人よりもずっと有利になるのです。世界の富の82％は、1％の富裕層が所有していると言います。[※20] そして、世界の富が富裕層に集中するという傾向は、この理屈により、日々、強まっていると断言できるのです。

仮に、あなたの親は富裕層ではないとしましょう。それでもあきらめないで、英語の勉強をして、学術書をたくさん読めば、いつかは富裕層になれるのでしょうか。

※19 トマ・ピケティ『21世紀の資本』みすず書房、2014年12月6日
※20 朝日新聞「世界の富の82%、1%の富裕層に集中 国際NGO試算」2018年1月22日

その可能性は否定できませんが、ここには大きな疑問もあります。それは、こうした富裕層の特徴は、はたして富裕層であることの原因なのか、それとも結果なのかということです。

まず、親が富裕層であると、その子供もまた富裕層になりやすいという話は簡単です。先にも述べたとおり、これは客観的な事実であることが示されたからです。すなわち、親が富裕層であることが原因で、子供が富裕層になるのはその結果です。

では、英語力と学術書を読む習慣についてはどうでしょうか。

英語力があるから、富裕層になるのでしょうか。それとも、富裕層になれるだけの知力と環境が備わっているから、英語もできてしまうのでしょうか。本当は、知力と環境のほうが原因であって、英語力のあるなしはその結果にすぎないのかもしれません。

子供のころから私立の学校に行かせてもらえたら、教員はもちろん、同級生に外国人の留学生がいることもめずらしくありません。私立の場合、外国に留学する機会も多いのです（留学を斡旋《あっせん》する業者も多数入っているため）。私立の部活は、その実績の有無によらず、海外に遠征することもあります。さらに私立では海外の大学への進学の機会も多くなります。

こうして、中学生のときに海外を肌で感じられる環境にいる子供がいる一方で、パスポートを持っている日本人の割合は23・5％（外務省，旅券統計，２０１８年11月11日時点）にすぎません。

では、学術書を読む習慣についてはどうでしょう。

学術書を読めば、富裕層になれるのでしょうか。それとも、普段から学術書を読めるような知力と環境に恵まれているから富裕層になれるのでしょうか。これに関しても、知力と環境のほうが原因であって、学術書に親しんでいることは結果のように感じられます。

そもそも専門的な学術書を読む習慣というのは、そうそう簡単に身につくものではありません。その前提として、基礎的な学力があることはもちろんなのですが、周囲にそうした学術書がある環境というのも、一般にはめずらしいものです。

知識社会となった今、本棚に学術書が1冊も存在しない家に生まれ育った場合と、学術書であふれている家に生まれ育った場合で差が出るのは、当たり前のことのように思われます。

都合よく「宝くじに当選する方法」は存在しない

親が富裕層かどうかは、自分ではどうにもなりません。そして、人間の知力の大部分は遺伝によって決まることもわかっています。

思い切って、もっと不都合な真実も付け加えておきます。そもそも、**私たちの収入の42％までもが遺伝で決まっているという調査結果**[※21]**があります。これに生まれ育った家庭（共有環境）の影響である８％を足せば、収入の50％までは、自己責任とは言えないのです。**

つまり、年収の半分までは、努力では（おそらく）どうにもなりません。もう半分には、自分の力でなんとかなる部分もありますが、上司や先輩、仕事の内容といった、自分ではどうにもならないこと（非共有環境の影響）もここに含まれていることには注意が必要です。

親が富裕層でなくても、知力がそれほど優れていなくても、環境に難があっても成功する人はいます。ただそれは、宝くじに当選するのと同じような統計的な例外

※21 David C. Rowe, et al., “Herrnstein's Syllogism: Genetic and Shared Environmental Influences on IQ, Education, and Income”, Intelligence, 26(4), 405-423, 1998.

にすぎません。そして実は「宝くじに当選する方法」というのは、自己啓発ビジネスの王道です。

ほかの自己啓発も、結局のところ「宝くじに当選するのと同じような統計的な例外になる方法」を売るのですから、同じ穴のムジナなのです。

繰り返しになりますが、**自己啓発というのは、人々の「漠然とした不安」を食い物にする貧困ビジネスです。「ここではないどこか」に行こうと苦しんでいる人々を陰であざわらう人々によるインチキなのです。**

もしかしたら、自己啓発をきっかけとして成功する人もいるかもしれません。ですが、そうした人は、その自己啓発がなくても成功していた可能性が高いのです。

少なくとも、富裕層にある人々は、自己啓発には手を出しません。そうした人々は、そもそも自己啓発に手を出す必要がないからこそ、富裕層なのでしょう。

私が言いたいのは、金銭的な成功を目的に定め、自己啓発という非科学的な努力を積み重ねることはやめたほうがいいということです。統計的な条件がそろっていない人の成功は、宝くじに当選するように、確率的にとても小さいことを認めない

となりません。

沈みゆく日本に生きる私たちの人生は、全体が落ちるのですから、パッとしないものになる可能性が高いのです。皆が乗っている船が沈没するのですから、自分だけが明るい未来を描くことは困難です。

念のために述べておきますが、大多数の人は会社の重役に抜擢《ばってき》されたりしないし、起業をすれば失敗するし、宝くじにも当たりません。ですがそんなことは、ずっと前から、本当は誰もが理解していたでしょう。それは狭き門であり、その門をくぐるには運が必要であることを、私たちはどこかで知っていたはずなのです。

それでも個人的には、英語の勉強をして、学術書を読んで専門性を鍛え、少ない金額でも投資をしたほうがよいとは思います。これに加えて、資格の勉強もすべきでしょう。可能なら、失敗するリスクを織り込んだうえで、起業も経験してみたほうがよいかもしれません。

ただ、自分の成功のための努力など、せいぜいここまでです。あとは、真面目に一生懸命、日々の仕事をすることが必要条件になる程度でしょう。

ただ、こうしたことは、沈没の時代を生きるための必要条件にすぎず、金銭的な成功のための十分条件にはほど遠いのです。そして、自己啓発に費やす時間は、金銭的な成功のためにはまったくの無駄であるばかりか、ただ生き残るためにも邪魔になります。そんな時間があるなら、真面目に仕事に関連する勉強をしたほうがよいからです。

受験生であれば、時には「志望校に合格する方法」を勉強してもよいかもしれません。しかし本質的には、国語・数学・英語・理科・社会の勉強をする必要があります。

自己啓発ビジネスは、たとえるならば「お手軽に志望校に合格する方法」があると主張するものです。しかしそうした自己啓発には、中毒性の高い気分転換としての意味以外には、なんの効果もありません。

絶望から逃げるのではなく哲学をする

絶望と向き合い、わずかな真実とともに生きる

金銭的な成功は、多くの人には訪れません。それどころか、人工知能が台頭してくれば、誰もが貧困に陥る可能性のほうが高くなります。

しかしそれは、自分の努力が足りないからというよりは、どこまでも確率の問題です。そうした真実を見つめるとき、絶望としか言えないものが湧《わ》き上がってくると思います。

その絶望から逃げるように、残りの人生を自己啓発とともに生きるのも自由です。ただそれは、決して積み重なることのない階段を作り続けるような人生になるでし

※22 キルケゴール（1813年～1855年）は、デンマークの哲学者であり、実存主義の創始者と言われています。実存主義とは、客観的に観察できる種としての人間ではなく、主観的に感じられる自分自身を思考の対象とする、ある意味で自己啓発に近い哲学の分野です。

ょう。そうした人生ではなく、恐ろしい絶望と向き合い、わずかでも積み上がる真実とともに生きる道もあります。それが（私にとっては）哲学です。

キルケゴール[※22]に言わせれば、絶望とは、自分をコントロールしている理性があるという認識（自己意識）が生み出すものです。つまり（金銭的であれなんであれ）成功に向かって、理性的に努力をして生きることができるという認識が絶望を生むのです。キルケゴールはこれを「死に至る病」と言いました。

私の場合は、**理性は欲求をコントロールする主人公ではなく、欲求のままに動く自分の観客にすぎないという（やや極端な）立場をとっています。**[※23]

たとえば、英語を勉強して、学術書を読んで、投資についても詳しくなったほうがよいということがわかっていたとします。それでも、私たち人間の多くは、テレビやスマホに時間を費やすばかりではないでしょうか。

テレビやスマホを見ない人は、そもそもテレビやスマホを「つまらない」と感じ、それらに時間を費やすという欲求を持たないだけです。逆に、テレビやスマホよりも面白いことがあれば、人間は、簡単にテレビやスマホを捨てることが可能です。

※23 この立場は、自由意志の存在自体を否定したアメリカの心理学者バラス・スキナーに近いものです。こうした考えは、過去の経験から、うまくいったことは繰り返し（強化）、うまくいかなかったことはやめる（弱化）という「オペラント条件付け」と呼ばれる理論の背景になっています。

なるほど、犯罪につながってしまうような欲求は、理性によって抑えていると考えられるかもしれません。しかしそれもまた、犯罪に対する罰が怖いだけで、罰の不利益から逃げたいという欲求に従っているだけだと考えることもできます。

戦争状態にあれば、平時では犯罪とされることも、平気で実行できてしまうのが人間です。**理性というものはやはり、せいぜい欲求のままに生きる自分自身の観客であり、かなりの程度、欲求の奴隷なのです。**

欲求は理性によって生み出すことはできない

よくよく考えてみてください。

私たちは、自分の欲求そのものを理性によって生み出せるでしょうか。

英語を勉強したいという欲求、学術書を読みたいという欲求、投資について詳しくなりたいという欲求を、理性によって生み出せたら、金銭的な成功に近づけるかもしれません。しかし残念ながら、欲求は理性によっては生み出せないものです。

本当は、欲求こそが自分自身であるとすれば、私たちは、自己啓発が主張するように「なりたい自分になる」ことは決してできないはずです。理性が「なりたい自分」を定義しても、欲求はそれに従わないからです。

私たちの多くは、来るべき日本の衰退に怯えながらも、それに対してなんの準備をすることもないのです。そうした準備をすることを、欲求しないからです。

この状況に絶望するのは、そもそも、理性が私をコントロールしていると考えるからです。しかし、もし理性が観客にすぎないのであれば、映画が悲劇であっても、絶望はしないでしょう。ある意味で、期待もしていないのですから。

少し不思議な感じがするかもしれませんが、これが哲学の立場であり、哲学は、こうした絶望そのものを捨て去る重要な手段になっています。

もちろん、嫌なことは嫌です。誰でも、たった一度しか見られない「自分の人生」という映画が悲劇になってしまうのは嫌なのです。しかし、成功の物語を期待しているかぎり、ほとんどの映画は悲劇になります。

要するに、自己啓発として成功を目指すということ自体が、わざわざ悲劇を生む間違いだということです。実際に過去の哲学者に、成功という曖昧なものを目指し

た人は（ほとんど）いません。

では、理性は完全に観客であり、欲求こそが「私」なのでしょうか。これはこれで極端にすぎます。理性には（少しだけ）可能性もあることは、今すぐ簡単に証明することができるからです。

たとえば、右手で、自分の鼻をさわってください。今、やってみてください。できますよね。鼻をさわりたいという欲求がなくても、人間は鼻をさわることができます。そして自分が向かう方向を、自己啓発とするか、はたまた哲学とするか程度のことであれば、理性で選べるはずなのです。ただ、その結果は、自己啓発か哲学かで、大きく異なってしまいます。

理性が持っているわずかな可能性とは、自分が生きる環境を、欲求とは異なる形で構築することです。欲求も、その一部であれば環境によって変化すると考えられるからです。そしてこれが、人間の（おそらくは唯一の）可能性です。

たとえば、スキーにまったく興味のない読者であっても、実際にスキー場に連れて来られて、友だちの誰かに強引にスキー板を履《は》かされたとしましょう。そこには、見たことのない美しい雪景色があり、澄んだ空気が流れています。友だちが、とても気持ちよさそうに雪の中をスキーで滑る姿を見せてくれ、簡単だから教えてあげると提案してくれました。そのとき、あなたはスキーをやってみたいと感じる可能性はないでしょうか。

たとえば、読者の多くは自家用ジェットが欲しいとは思わないでしょう。しかしそれは、自家用ジェットに手が届くほどのお金を持っていないからかもしれません。もし、自家用ジェットを購入しても、家計にはなんの影響もないほどのお金を持っていたら、自家用ジェットが欲しくなる可能性もあります。それだけのお金を持っている場合、世界中を旅しています。旅の頻度が上がり、いちいち空港で長時間の足止めを食らうくらいならと、自家用ジェットの利便性にも興味が向かうのではないでしょうか。

そして……たとえば、読者の多くは、戦争を求めないでしょう。しかし自分自身が失業しており、家族が飢えはじめたとします。政府は、失業対策として、自衛隊の募集人員を増やすことを決めます。あなたは、この募集に応じて、とりあえずの職を得て、家族の飢えをしのぐことができました。そうしたとき、敵国からのミサイルが飛んできて、あなたの家族が、あなただけを残して殺されてしまったとします。そのときあなたは、その敵国との戦争を望まないと言い切れるでしょうか。

このように、どうやら私たちの欲求は、今の自分の手に入る可能性が高い範囲でしか、容易には発動しないようなのです。逆に言えば、私たちは、自らの理性によって環境を変えることで、新たな欲求を獲得することができるかもしれません。

最後の戦争の欲求のように、それが恐ろしい方向に行ってしまわないよう、注意することも必要です。ただ、そうした注意をするためにも、環境によって、私たちの欲求は変化するということを認識しておく必要があるでしょう。

人間が、自らを破滅に導くような欲求を持ってしまうのも、環境のせいである可能性が高いのです。あなたが、もし、自己啓発をやりたいという欲求にとらわれているとするなら、それも、あなたの置かれている環境によるものです。だからこそその環境のなにが、あなたの欲求を生み出してしまっているのかを冷静に見つめる必要があります。さもないと、あなたは、自己啓発の罠によって破滅してしまう可能性が高いからです。

役に立つかどうかではなく、知ることを目的とした哲学の意味

理性によって、自己啓発ではなく哲学を選んだ場合、哲学をする環境が与えてくれるのは「知りたい」という欲求です。

哲学は、この宇宙のすべてを「知りたい」と感じさせてくれます。また、そのように「知りたい」と考えている仲間が、この世界には多数いることにも勇気づけられます。

哲学をする人は「成功すること」ではなく「知ること」を求め、それを生きる目的としています。そのため、周囲からは「なんの役にも立たないこと」を追求しているように見えるかもしれません。しかし、そもそも役に立つことばかりを求めるのは、自己啓発の立場であることを忘れてはなりません。

ここには、簡単なリトマス試験紙があります。**「月は、どうして地球に落ちてこないのか」**[※24]**という問いです。この、子供でも抱く非常に簡単な疑問にさえ、少なからぬ人が答えることができません。**なぜなら、地球に月が落ちてこない理由を知った

※24 仮に、非常に高い山の上から、水平方向にボールを投げたとします。地球は丸いので、強い力で投げるとボールは地球を1周して、自分のところに帰ってくるでしょう。宇宙空間には摩擦もないため、このボールは、その速度を落とすこともありません。このボールのように、月は永遠に地球に向かって落ち続けているのです（正確には、毎年少しずつ地球から遠ざかっています）。

ところで、なんの役にも立たないからです。

しかし、その状態にある人が、有名大学の教授といった権威のある人物から「来年、月が地球に落ちてくる」と言われたら、どう感じるでしょう。「月は、どうして地球に落ちてこないのか」を自分で理解していない人は、自分の生死に直結するような判断を、権威の言うことに従って決めることしかできません。

事実、食べ物や飲み物、家電や健康グッズについても、怪しいインチキ商法に引っかかってしまう人は、「月は、どうして地球に落ちてこないのか」という問いに答えることはできないはずです。

少なからず、有名な企業であっても、こうしたインチキ商法に関わっていることがあります。それは、人々の多くが哲学をする人ではなく、お手軽に効果が得られる自己啓発的なものを求めているからにほかなりません。

哲学は「知りたい」という欲求に従うものであって、知ることそのものを目的としています。哲学は、なにかの役に立つ知識を得ていくことを目的にはしていません。しかし結果として、哲学は、自分の頭で考えることができる、騙《だま》されにくい人間を作ります。「月は、どうして地球に落ちてこないのか」といった役に立たないことを学ぶのは、自分の頭で考えることができる人間となるための壮絶な遠回りになっていることは、なんとも皮肉な話です。

現代の日本の大学からは、文学部や理学部といった、役に立たないことを学ぶ学部が消えつつあります。それはすなわち、自分の頭で考えることができる人材を育てる哲学を、日本が手放しつつあるということです。

日本という国そのものが、自己啓発の大量消費時代に向かっているわけですが、その背景には、哲学の教育がないがしろにされてきたという事実があるのでしょう。それは、日本の指導者層でさえ、その多くが「月は、どうして地球に落ちてこないのか」を知らないということであり、それを知る喜び、すなわち哲学を持たないことを示しています。

自己啓発と哲学の決定的な違い

好奇心を自分の内側に向けない

自己啓発と哲学の決定的な違いは、好奇心を示す対象です。

自己啓発は、自分という個別性の高い対象を扱います。そして自己啓発は、それを構築するロジックを「信じる」ことを前提として成立しています。これに対して哲学は、自分にだけ当てはまるような個別性の高いものには見向きもせず、この世界一般に適用できる真理を対象にします。そして哲学は、過去に真理とされてきたロジックを「疑う」ことを前提として成立しています。

自己啓発は、自分の存在を強く意識するような仕掛けを持っており、他者とは異なる自分にフォーカスを当てます。その一部には、統計的に自分の強みや弱みを確認するといった有用なものもありますが、一般的な悪徳の自己啓発ビジネスは、より深く自分自身を探ることを奨励します。

困ったことに、就職活動をする学生のための自己分析が、こうした流れに一役かっているという指摘[※25]があります。就職活動をしている学生に、世界で通用する強みなどありません。だからこそ、自己分析を指導する人々は、自己啓発さながらの教育を学生に対して行います。

知識も経験もない学生ほど、自分に強みがないことを不安に思います。その不安を煽り、高額な料金を徴収する自己啓発ビジネスも増えてきています。

哲学の立場からすれば当たり前のことですが、こうして実際に自分を深く掘り下げた結果として出てくるのは矮小《わいしょう》でつまらない自分自身です。そもそも中身が豊かで立派な人物には、自己啓発など必要ないからです。

自己啓発に惹きつけられてしまう人は、自分の中心に優れたものなど「なにもない」ことを潜在的に知っています。その虚しさがあるからこそ、自己啓発に希望を見いだしてしまうのでしょう。

※25 牧野智和『自己啓発の時代』p95-131、勁草書房、2012年3月7日

ここが一番皮肉なところなのですが、**自分の中心というのは役に立たない知識の体系である哲学によって形成されるのです。事実、中身のある人物として知られる人は、どうでもよさそうな知識を大量に持っているでしょう（たとえば、北野武やタモリといった人物を想像してください）。**

こうした人物のように、自分の外側にある世界に対して好奇心を示せないと、自分の中心は豊かになっていきません。ですから、自己啓発を求めてしまうような「なにもない」ことを潜在的に知っている人を、本当の意味で救えるのは、なんの役にも立たない知識の体系である哲学なのです。

こうした哲学のない人が、自分の中心を見つめるとき、優れたものの代わりに見えるのは七つの大罪（七つの死に至る罪[※26]：暴食、色欲、強欲、憤怒、怠惰、傲慢《ごうまん》、嫉妬《しっと》）です。

自己啓発は、これを問題視し、こうした大罪を消滅させるインチキの方法を提供します。しかし、そうした方法が本当に有効なはずもありません。なぜなら、こうした大罪が備わっているのは、人間の本能だからです。

自己啓発は、提供した方法が有効でない理由を「信じる気持ちが足りない」とか

※26 ４世紀ごろ、キリスト教（カトリック）において成立した、人間を罪深い行いに向かわせる原因として定義された欲求のリストです。これらはそもそも人間の本能であり、人間とは罪深い存在であるという原罪の考え方につながっています。

「修行が足りない」とか「ステージが低い」といった表現でえぐります。「成功者は、成功するまであきらめない」といった、よくわからないロジックも自己啓発では多用されています。自己啓発ビジネスは、だからもっと真剣に自己啓発を進めなさいと言うのです。[※27]

自己啓発ビジネスは、そうして自己啓発のカモになってしまう「なにもない」人に、自分の内側に向かう虚しいダイブを繰り返させます。そして、その回数が増えていくということは、パチンコ台に大金をつぎ込むようなものです。今さら間違いでしたと認めたら、過去につぎ込んできた自分の人生が無駄だったということになるため、後戻りできなくなるのです。

経済学は、これを埋没費用（サンクコスト）と呼んで、人間が陥りやすい罠として警告しています。埋没費用という概念を知っていれば、たとえパチンコ台に大金をつぎ込んでしまったあとであっても、財布に残っている最後の1万円は、学術書の購入にあてたほうがよいことは自明なのです。ただ、埋没費用のような本質的な警告が、自己啓発の世界に届くことはありません。

※27 ちなみに、カルトの教祖が人類滅亡の日の予言を外すことがありますが、その場合は「私たちの祈りが通じた」ということで、信者はかえって信仰心を強めるそうです。

哲学だけが大罪を消してくれる

念のために述べておきますが、自己啓発でよく主張される**「紙に書いた目標は達成される」などということは決してありません。オカルトの中でも低俗なオカルトです。**

たしかに、紙に目標を書いて、成功する人もいるかもしれません。しかし、そうした人は、紙に目標を書かなくても成功していたはずです。さらに、大多数の人が、紙に目標を書いても成功しないのです。

七夕の短冊に書いたことは実現しましたか？　絵馬に志望校を書くと、そこに合格しますか？　目標記述書に書いたことは達成されますか？

大人になってからサンタクロースに手紙を書くのは、やめたほうがよいです。しかし自己啓発の多くは、サンタクロースを信じる気持ちが足りないから、それが実現されないのだと主張するでしょう。

さて、ここには大いなるパラドクスがあります。

大罪を（一時的に）消す唯一の方法は、自分への興味を失うこと、すなわち哲学だからです。この世界の真理を、自分なりに探求するとき、私たちは大罪から離れることができます。自分の中にではなく、自分の外にあるこの世界で、なにか優れたものを発見した経験は誰にでもあるはずです。たとえば生物の不思議に魅せられるとき、私たちは、大罪から自由です。そうして外の世界に好奇心を持つとき、自分の中心もまた豊かになっていきます。

私が声を大にして主張したいのは、**自分というつまらないものを探求することをやめにして、この世界という素晴らしいものを探求しようということにつきます**[※28]。それが1周回ると、自分が（他者から見て）面白い存在になっているかもしれません（保証はできませんが）。

思い出してもみてください。歴史的な偉人の話でもないかぎり、長い自己紹介ほど、最悪のコンテンツはないはずです。本当に面白いのはこの世界の真理であり、それを探求する人の話なのです。

※28 幸いなことに、今の日本の学校教育はヨーロッパで発達した、外の世界の探求という方向に向かっています。これがうまく進めば、将来的には、日本人は自己啓発には引っかかりにくくなる可能性が高まるでしょう。

自己啓発コミュニティーの脆弱性について

表面的な人間関係は、より強い孤独と不安を与える

人間にとって、たとえその内容が怪しいものであっても、他者の意見を信じるということは、欲求に直結している話でもあります。他者の意見を信じることは、その他者との信頼関係を構築するための手段になっているからです。

人間には、他者とつながっていたいという欲求があり、それは人間の本能の一つとも考えられています。

人間は、話の内容ではなくて、話を聞くときの自分の態度を気にする生き物なのです。肯定的な態度は、自分が相手を信頼していることを伝えます。逆に否定的な

態度は、自分が相手を信頼していないことを伝えてしまうのです。

これは、心理学的には、デマが広がってしまう背景として知られています。デマを広げてしまう人に悪意がないというのは、よくあることでしょう。それを信じてしまう人にもまた、悪意はありません。しかし、これと同じようにして、自己啓発は広がってしまうのです。

自己啓発というものをデマの一種だと考えれば、わかりやすくなるかもしれません。特にスピリチュアル系の言論は「紙に書いた目標は達成される」という具合に、ひどいデマになっていることが多いでしょう。しかし、こうしたデマがなくならない背景には「孤独になりたくない」という人間の欲求があるのです。それに関わる人の多くには悪意はなく、ただ、寂しくて不安なのです。

相手が話していることに多少の疑問を持ったとしても、とにかく信じることで、その相手との信頼関係を維持することができます。そうした相手が、もし、自分の家族だったり、親友だったりしたら、どうでしょうか。真実を追い求めることよりも、信頼関係を維持することのほうが大事になっても仕方のないことでしょう。本当は信じていないのに、家族が自己啓発にハマってしまった結果として、自分もその自己啓発に近いところにいるという人は、想像以上に多いとも考えられます。

しかし、ここで注意しておきたいのは、本当に強い信頼関係を築くためには、意見の対立を超えることが重要だということです。

タックマンモデル（Tuckman's stages of group development）として知られていることなのですが、意見の対立を避けるような態度は、かえって、深くて安定した人間関係の構築をさまたげてしまうものなのです。

グーグル（Google）も、優れたチームに認められる特徴として、異なる意見を打ち出しても大丈夫だという「心理的安全性」の重要性を指摘しています。[※29] しかし、そうした「心理的安全性」を手に入れることは、簡単なことではありません。

本当は誰もが、深いレベルで他者とつながりたいと願っています。おかしいと思うことは、おかしいと言い合える関係、それくらいでは信頼が壊れない関係を、私たちは根源的に求めています（日本ではこれがよく漫画のテーマになりますね）。

そういう関係を持たない人は、自分の本心を聞いてくれる人が誰もいないという状態にあるわけです。他者の意見をただ受け入れ、表面的な関係しか構築してこな

※29 プロジェクト・アリストテレス（Project Aristotle）と呼ばれる、Google社内180チーム、200以上のインタビュー調査の結果です。より詳しくは"What Google Learned From Its Quest to Build the Perfect Team", The New York Times, FEB. 25, 2016. などを参照してください。

かった人は、より強い孤独と不安を感じることになります。そして、こうした「心理的安全性」を他者との間に持たない人々を、自己啓発ビジネスは「決して満たされることのないカモ」として食い物にしていきます。

自己啓発というデマに対して「王様の耳はロバの耳」と言うことができない人々が、自己啓発コミュニティーを形成しています。そのコミュニティーは、本当は簡単な反論ひとつで崩壊するほどに脆弱《ぜいじゃく》なのです。

そんな脆弱な関係性を大事にしないといけない人生は、どこまでも孤独で不安なものにしかなりません。

そして自己啓発の主張するところは、どう考えてもおかしいロジックでできています。しかし、孤独と不安を極端に恐れる人々は、そうしたロジックを疑うことをやめてしまいます。特に、自分に知識が足りないことを自覚している人ほど（哲学がないことを自覚している人ほど）なにかに疑いを持ったとしても、その疑いを主張することをためらうでしょう。自分が正しいというロジックが、知識によって補強されていないからです。

自己啓発は「孤独と不安」を虚構によって満たす

現代社会が知識社会（価値を生み出す源泉が知識である社会）であることは、広く認識されているとおりです。そうした社会において、人間の自尊心を満たすのは、知識のあるなしです。しかし私自身も含めて、ほとんどの人は、まともに勉強をしていません。まともな勉強を避けてきたため、まともな知識もありません。

それなのに、私たちは、自分にはなんらかの専門性があるのではないかと期待しています。残念なことに、周辺にいる人も、まともな知識を持っていることが少ないため、ほんの少しの知識があれば、まるで専門家のように振る舞うことが可能になっています。

自己啓発のコミュニティーでは、自分たちの理屈をもっともらしく語るために、宗教や歴史、心理学や脳科学の理論を引っぱってくることがよくあります。そうして、その閉ざされたコミュニティーの中で、専門家として扱われることで自尊心を満たすのです。

ただ、そうした理論を参照する人が、特定の分野について深い知識を持っていることはありません。どこかで聞きかじった程度の知識で、自分たちの理屈を正当化しようとしているだけです。

自己啓発に詳しい人ならわかると思いますが、結局、自己啓発で述べられていることは同じことの繰り返しです。それだけに、そのコミュニティーで扱われる知識の定着も容易です。同じことの繰り返しであっても、その自己啓発を求めてしまうのは、自身の不安（自尊心が満たされない状況）が、生きていくうえで繰り返されているからでしょう。そして、そうした不安は、今後ますます大きくなっていくのです。

繰り返しになりますが、自己啓発のコミュニティー内には、本物の知識を持っている人はいません。だから、自己啓発のコミュニティーが、本気で、その分野の専門家と議論をすることもありません（相手にされないということも多いでしょう）。

自己啓発が目指しているのは、孤独と不安を（虚構によって）満たすことです。ですから、その拠《よ》り所とするロジックを笑われることを極端に恐れます。自分たちも、本心では、そのロジックにおかしなところがあることを潜在的に知っているからでもあります。

そうして自己啓発コミュニティーはどんどん閉じていき、その内部においてだけ、ほかの参加者よりもわずかに知識を持った人が、専門家としての表面的な自尊心を温めるわけです。本当は、とても世間には発信できないようなレベルのことを、内部でだけ通用する言葉に変えて伝え合い、参加者の表面的な自尊心を大きくしていくという仕組みです。

これは、あたかも「信じない人には見えない服」を着た裸の王様たちが集まって、お互いの服を褒め合うようなものです。

しかしここでは、**「きちんと勉強をしたことのない人は、等しく裸である」ということだけが真実です。そして、それくらいの明白な真実を述べるだけで傷ついてしまう人々が集まっているのが、自己啓発コミュニティーにほかなりません。**

いかに恥ずかしくても、自分は服を着ていないことを認め、せめてパンツを穿《は》くことからはじめたいものです。

哲学ではこれを「無知の知」と言います。これは「自分はなにも知らないということを認めよう」という、ソクラテス[※30]が言いはじめた哲学におけるあるべき態度を示したものです。

また、親鸞は同じ真実を見て、これを「他力本願」という言葉で示しました。親鸞の場合は、修行によって悟りに到達するという道をあきらめることを推奨したのです。親鸞の言説は、現代にまで通用する自己啓発の強烈な否定になっていることは、注目に値するでしょう。

※30 哲学史において決して避けて通れない、古典ギリシアを代表する哲学者です。問いを繰り返すことで、自分はなにも知らない（真実について無知である状態にある）ことを悟らせる対話術を用いたとされています。

◆コラム――

ご神木になにを読み取るか※31

日本人は、大きくて立派なご神木《しんぼく》が大好きです。木という存在を大切なものの象徴とするのは、世界中に見られる傾向ですが、大きくて立派な木のまわりに注連縄《しめなわ》まで張って大切にするのは、日本独特の文化と言って問題ないでしょう。

もちろん、そうした文化を大事にするという立場もあります。同時に、大きくて立派な木には、どのような生物学的な背景があるのかを知りたいという立場もあるでしょう。

あなたは、世界で一番背丈の高い木について考えたことはあるでしょうか。

今のところ、カリフォルニアにある高さ130メートルのスギ（Taxodiaceae Meta sequoia sp.）が世界一高い木とされています。およそ、30階建ての高層ビルと同じ高さです。

こうした木を目の前にすれば、多くの日本人は「自然はすごいなあ」と、スピリ

※31 本稿初出は介護メディア「みんなの介護」における筆者連載記事（第18回）『誰もが幸福追求できる社会の実現は“リーダーの若年化”がカギになる』2018年6月26日

チュアルな感動を得ると思います。自己啓発でも、こうしたご神木は「パワースポット」とされ、よくわからない信仰の対象になったりもします。

しかし、生物学的に見れば、このスギは種の絶滅を予感させるものであり、また、厳しい自然淘汰《しぜんとうた》の末路を思わせるのです。130メートルのスギが静かにプレゼンテーションしているのは、生物学的には、恐ろしい生存競争の結果なのです。

これを哲学ではなく、スピリチュアルにどのように解釈するかは文化の問題であり、そのすべてを否定するつもりはありません。それはそれで、どうしてそのような文化が形成されたのかを考えるテーマとして、人間を理解するためには非常に面白いものでもあるからです。

そもそも、木という存在には、どうして、太い幹があるのでしょう。それは、太陽の光（生存のためのリソース）をめぐって、ほかの植物との競争で勝つために必要だからです。植物は自分よりも背丈の高い木が出てくると、その木の陰になるでしょう。そうすると、かつて得られていた太陽の光が失われます。植物が生きるために必要な光合成が妨げられ、陰で生きるしかなくなった植物は、いずれ死滅して

しまいます。※32

横方向には（ほとんど）動けない木々が、より高く成長しようとするのは、厳しい生存競争に勝ち抜くための手段ということです。木々は、ほかの植物を押しのけてでも、自分だけは助かろうとしているわけです。

そう考えると、ご神木を敬《うやま》う気持ちも少し薄れるかもしれません。また、地面にはいつくばる雑草が、チャレンジャーのように見えてくるかもしれません。

こうした生存競争に勝利している130メートルのスギとはいえ、楽なわけではありません。なぜなら、高く育つには相当な労力が必要だからです。具体的には、高くそびえる幹を持っている植物は、その頂上まで、地球の重力に逆らって水や養分を運び上げなければなりません。つまり、この苦労を背負ってもなお、太陽の光からの恩恵を受けられるところまで植物の争いは続くことになります。

要するに、太陽の光は売上げであり、水や養分を運び上げる苦労はコストとする経済学が、植物の世界にも存在しているということです。ここでは、競争の厳しい環境で売上げを最大化しやすいのが木の高さということになります。

カリフォルニアにある高さ130メートルのスギは、太陽の光を存分に浴びなが

※32 一方で、親木が樹冠を広げ若木（子供の木）に光を最小限しか与えないのは、ゆっくり成長させるための術とも言われています。たとえば、災害などで親木が倒れると、若木は思いっ切り光合成ができるため、一気に成長します。しかし、そうした若木は、成長のために幹を無理やり太くすることが災いして、寿命が短くなるそうです。ただこれも、わずかな光でも耐え忍べる木しか生き残れないという自然淘汰を示しているとも考えられます。

ら自分よりも背丈の低い木々を排除しています。そうすることで足元の養分も独り占めすることができるという、非常に優れた生存戦略をとっているのです。

しかし、現在の植物が得られる最大の背の高さは（毛細管現象と蒸散力を対象とした物理的な計算から）だいたいこの130メートルとされています。それ以上の高さになると、地球の重力による影響で、水や養分の運搬コストが、太陽の光からの売上げを上回ってしまい、赤字になるからです。130メートルのスギは、実は赤字ギリギリの状態で生きているのであって、余裕があるわけではないのです。

さて、この130メートルのスギという存在は、バベルの塔にも通じ、どこか人類のあり方を連想させます。これまで人類は、自然環境における様々なエネルギーを、ほかの生物種よりも上手に使いこなし、ほかの種をことごとく駆逐してきました。

そして、現在の地球では、生物史における第六次大量絶滅が起こっています。過去の大量絶滅の原因は、隕石《いんせき》の衝突だったり、火山の大噴火だったわけですが、この第六次大量絶滅の原因は人類の存在です。

個人的には、これは130メートルという植物の限界まで成長したスギが、その陰になるほかの植物を絶滅させていくのと同じように感じます。すでに人類とその家畜の体重の総量は、野生動物の5倍となり、全体の約84％を占めるまでになっていることは、意外と知られていません。

ここで注意したいのは、130メートルのスギが駆逐するのは、ほかの種の植物に限らないという部分です。自らの子孫でさえ、ほかの種と見境なく破滅させてしまいます。子孫としては、親と同じ環境にいたら生き残れないわけですから、できるだけ遠くの地で発芽するしかありません。

しかし、地球の表面積にも限界があります。この戦略の帰結は、130メートルに達した木々が生い茂る地球でしょう。子孫のすべては発芽しても成長することができず、淘汰されていきます。そして、このスギは種としての終焉《しゅうえん》を迎えるのです。これを詩的に言えば「最も強大な力を得たものは、自らの力によって、その子孫たちの生存を破壊する」という感じでしょうか。

いかなる生物であっても、生きるために摂取するエネルギー（売上げ）と、生きるために消費するエネルギー（コスト）の収支が赤字では個体として生存できません。ですから、いかなる生物も（基本的には）個体としての利益を重視するようになっています。誰もが持っている「生き残りたい」という素直な衝動が、その種全体を破滅に導く原動力になっているわけです。

別の角度から見れば、この自然な衝動によって強くなりすぎた種が勝手に絶滅することで、ほかの種が存続する可能性が残されます。そうして生物は種の多様性を維持し、様々な環境変化を乗り越えてきたのです。このように考えると、なぜ生物に寿命があるのかも理解しやすいでしょう。寿命を持たず、生きるために必要なエネルギーの摂取さえ可能であれば永遠に生きられる生物は、自らのその力によって、自分たちの種でさえも絶滅させてしまうからです。

自然淘汰の結果、それぞれの生物は、個体が生きるために必要なエネルギー量と、個体の寿命の間に、絶妙なバランスを得てきたのです（正確には、偶然そうなっている種しか自然淘汰を乗り越えられなかったということ）。

人類の平均寿命は、そろそろ理論限界の120歳ほどにまで近づいてきました。それはあたかも、スギの中で130メートルに達する個体が増えてきたようなものです。そこで少子化という現象が見られるのは、限られた環境（系）では当然のことだと言えます。

１３０メートルのスギで覆われた地球は、子孫にとって太陽の光がない世界であることは言うまでもありません。そこで（すでに高く成長している）スギたちは、会議を行っています。その会議では「もっと少ない太陽光でも生きられる生産性」と「太陽光以外の新たなエネルギー源の開発」がテーマになるでしょう。

私は、人類の現代社会において、こうしたことが叫ばれている背景は、ここにあると考えています。しかし、こうしたテーマは、すでに高く成長しているスギたちには関係がない話なので、その実行について本気になれないはずです。

課題は議論されるばかりで解決策は遅々として実行されません。すると、背の低いスギたちからは「１３０メートルに達しているスギは死ぬべきだ」という意見も出てきます。

実際に「日本国籍を有する者は誰しも70歳の誕生日から30日以内に死ななければならない」という法案の成立を描いた『七十歳死亡法案、可決』（垣谷美雨著、幻冬舎）というフィクションが話題になったりしています。

そして今の日本では、最難関の私立高校に通う生徒のトップ層が、国外の大学に進学するという流れができてきています。これは日本国内が、１３０メートルの木々で埋めつくされてしまっているからと考えることはできないでしょうか。日本の若者の行動に変化が見られるのは、親たちの生きる場所からできるだけ遠くで発芽しようとしているからなのかもしれません。

繰り返しになりますが、私は、ご神木を敬う気持ちまで否定するつもりはありません。ご神木に、生命の不思議を感じることは、とても自然なことです。ただ、ご神木には、生物学的には別の（より科学的で疑えない）解釈があり、それは決して人格を持った「神」のような存在ではないというのが真相なのです。

とはいえ、たとえそれが「神」ではなくても、それを敬う気持ちまで消えたりはしません。生命の不思議の象徴として、十分に興味深い存在だからです。また、人間がそうした存在を尊いものと感じる背景も、非常に興味深いものです。

ただ、自己啓発ビジネスによっては、ご神木に抱くこうした感情を利用するものも存在していることには、どうしても注意が必要でしょう。それは決して「パワースポット」ではありません。生物そのものが私たちの想像を絶するパワーを持っているということが、真実です。

第2章

神はいるのかという問題

歴史に記録されている世の中で最も極悪で残酷な罪は、
宗教という名の下に行われている。

——マハトマ・ガンジー

生物の目の構造が教えてくれること

生物は「神」が創造したものなのか？

陸上での生活に適応している人間は、水中では、きちんとモノが見えません。水泳をしていて、水中で目を開けると、ボヤーッとしかモノは見えなかったでしょう。これは、陸上と水中、すなわち空気と水では、光の屈折率（光を曲げる力）が異なるからです。[※33]

空気の屈折率に合っている目を持つ人間が、水中で目を開けてみたところで、モノから反射してきた光は、目のちょうどよいところに入ってこないのです。このため、水中メガネなどで、目と水の間に空気を入れないと、人間は、水中の様子を正

※33 日本動物学会関東支部『生き物はどのように世界を見ているか―さまざまな視覚とそのメカニズム』学会出版センター、2001年11月

しくとらえることができません。

魚（脊椎《せきつい》動物として人間の祖先に当たる）は、人間とよく似た構造の目を持っています。ただ、魚の目は、人間よりもずっとボールのように湾曲した形（まん丸の形）をしています。この強い湾曲によって、光は、より大きな角度で曲がります。そして魚は、水中でモノから反射してきた光を、目のちょうどよいところに入れることができるのです。

ですから、魚が陸上に上げられると、逆に、ボヤーッとしてモノが見えなくなります。余談ですが、マグロやカツオは、人間の視力に換算すると、視力０・５程度になるそうです。意外と目が悪いですね。

生物学者であっても、こうした生物の素晴らしい仕組みに対して「そのようにデザインされている」と言うことがあります。そうした言葉から、複雑な生物をデザインした「神」のような存在（創造主）がいると感じてしまう人がいても仕方のないことです。

しかし、生物学者は（一般には）そのような存在を認めていません。ただ、伝わりやすいから使っている表現であって、本音ベースで「そのようにデザインされている」とは考えていないのです。背景に、進化論という、ダーウィン以降の人類が得た最も強力な科学的理論を持っているからです。

それでもやはり、人間と魚の目の構造の違いを知ると「なんて素晴らしくデザインされているのか」と思うでしょう。実際に、そんな素晴らしいデザインができるのは「神」だけだと感じてしまう人が、歴史的にもたくさんいました。進化論を生み出したダーウィン自身でさえ、目の構造が進化によって複雑化してきたということを、なかなか信じることができなかったくらいです。[※34]ダーウィンは『種の起源』（1859年）の中で、次のように述べています。

異なる距離に焦点を合わせ、適切な光量を体内に導き、球面収差や色収差を補正する比類ない仕組みを持ち合わせた目が、自然淘汰によって生まれたと考えるのは、正直なところ、あまりに好都合な気がする。

※34 チャールズ ダーウィン『種の起源』光文社古典新訳文庫、2009年9月20日

進化論は、天才ダーウィン自身にとっても、コペルニクス的転回（地球のまわりを太陽が回っているのではなく、地球が太陽のまわりを回っているとした逆転の発想）でした。さらに当時は、進化論の正当性について十分な証拠がなかったので、ダーウィンがそれを自分で（哲学的な態度で）疑ったのも仕方のないことです。

しかし今では、たしかに生物の目は、少しずつ環境に適応することで進化してきたことが証明されています。[※35] ダーウィンは、今はもう安らかに眠れていることでしょう。

さて、この世界に目が登場するずっと前から、光の屈折率は空気中と水中では異なるという物理法則がありました。先にも述べたとおり、生物の目の構造は、この物理法則に上手に適応していることがわかっています。

ここで、もし仮に「神」が目をデザインしたとするなら、どうしてわざわざ「神」は目のデザインを物理法則に従わせたのでしょう？　本当に「神」こそがすべての創造主であるなら、生物にモノを見るという能力を与えるときに、わざわざ物理法則に従った複雑なデザインを与えるのではなく、物理法則のほうを変化させればよ

※35 アンドリュー・パーカー『眼の誕生―カンブリア紀大進化の謎を解く』草思社、2006年2月23日

いのではないでしょうか。

仮に、そうした「神」がいたとしても、物理法則は、その「神」でさえ従わなければならない、より偉い存在ということになります。もしかしたら、そうした「神」の世界にも序列があって、物理法則を司る上位の「神」と、生物をデザインする下位の「神」がいるのかもしれません。

ただ、もしそうなら、そうした「神」の上下関係のルールを生み出した、さらに上位の「神」を定義しなければならなくなります。そして、その上位の「神」にそうした能力を与えた存在もまた、考えなければならなくなります。

ここには、永遠に続く「神」の階層構造を認めるかどうかという立場が生じます。もちろん、これは可能性としてはあり得る話です。同時に、これはちょっと、にわかには信じられません。


答えは二つに一つです。そうした、永遠に続く「神」の階層構造が存在しているという考え方が一つです。大高忍による漫画『マギ』[※36]が物語のテーマとしたのが、こうした階層構造でした。これが宗教の立場でしょう。

※36 イスラム世界において成立してきた物語をまとめた『千夜一夜物語』を基礎として描かれた、この宇宙の存在について問いかける哲学的な漫画です。「週刊少年サンデー」（小学館）で8年以上にわたって連載され、話題となりました。

もう一つの考えは、そうした「神」のようなものは存在せず、ただ、この不思議な宇宙がある（そしてその外側については観測できないので理解できない）というものです。こちらが科学の立場になります。もちろん哲学は、この二つの立場をただ信じるのではなく、安易なロジックを与えることもなく、どちらもあり得る話として証拠を求めながら、疑い続けています。

私たちの意識はどう生まれたのか

哲学における二つの難題

わざわざ、生物のデザインを行った「神」を定義しなくても、この宇宙は、ただ哲学（広い意味での科学）によってのみ説明することが（かなりの程度までは）可能です。

とはいえ、そう言い切るには二つの大きな課題が（まだ）残されていることは認めないとなりません。それらは「この宇宙はどうできたのか」ということと「私たちの意識はどう生まれたのか」という難題です。

残念ですが「この宇宙がどうできたのか」については、人間は正しく説明をすることができません。宇宙の外側がどうなっているのか（今のところは）観測する方法がないからです。そこには、もしかしたら「神」がいるのかもしれません。

ただ「神」がいたとしても、それは物理法則を司《つかさど》る存在であり、人間が想像してきたような生物をデザインする「神」とは異なるものです。なぜなら、この宇宙の内側のことであれば「神」を定義しなくても、（おそらく）そのほとんどすべてを物理法則で説明することが可能だからです。

それでもなお、もう一つ「私たちの意識はどう生まれたのか」という大きな課題が残されています。とはいえ、この課題さえ解決すれば、哲学は、人間が信じてきた「神」にほぼ勝利することになります。

その結果として、人間は、虚無の苦しみを得るのでしょうか。

私は、そう思いません。むしろ人間は、物理法則の中にあって、奇跡的に、それを観察し理解することができる存在になります。人間は「神」の奴隷ではなく、完全に自由な存在として力強く立ち上がってきます。人間以外のほかの生物も含めて、すべて命ある存在は「神」を頂点とするタテ社会ではなく、物理法則を共有する場とした、すべての生物に等しく価値を認める平等なヨコ社会を形成していると実感できるのです。

さらに一歩進むと、生命ではない石のような物質もまた、尊い存在に感じられます。なぜなら、生命という存在を、ほかの物質から乖離した特別な存在と考えること自体が、タテ社会の肯定になってしまうからです。

こうした「神」に依存しないことを決めた人間が、その代わりに獲得する感覚を特に、生物学者のレイチェル・カーソン※37は「センス・オブ・ワンダー」と呼びました。彼女は宗教的な感覚を否定しませんでしたし、この発想は、スピリチュアルに近いように感じられますが、背景にロジックを求めず、個別性を強調していないため、領域としては哲学に近いものになります。

ただ、こうした哲学的な考え方も、結局、信仰に近い概念に行き着くところは非常に面白いと感じます。「神」の存在を定義しなくても、人間の脳は信仰を生み出すように環境に適応してきたということなのでしょう。

それは不思議なものに着目するという人間らしい態度であり、知恵の蓄積の基礎になっています。ですから、脳科学的に見たとき、自己啓発と哲学を求める心に本

※37 Rachel Louise Carson（1907年～1964年）は、アメリカの生物学者。特に、農薬の危険性を告発し、人類史において環境問題の存在を訴えかけた最初の人物と考えられている。現在、世界で広がりを見せる環境保護運動につながる功績を打ち立てた人物であり、死後、大統領自由勲章（アメリカにおける最高位の勲章）を授与されています。

質的な違いはない可能性もあります。ただ、どちらを選ぶかによって、人生は大きく違ってきます。

意識は人間だけに与えられた特別なものではない

この「私たちの意識はどう生まれたのか」という問題は、「神」の存在を否定した場合、どのように考えられるのでしょう。これは、哲学が挑み続けている最も重要な問いの一つであり、残念ながら結論は出ていません。

とはいえ、一つ面白い視点が話題になりつつあります。それは、目のような高度で複雑な器官が進化から生まれたのと同じように、意識もまた、進化によって単純なものから複雑なものに発展的に獲得されてきたものではないかというものです。[※38]

たとえば、意識を持っているのは、人間だけではないでしょう。犬や猫といったペットであっても、明らかに意識を持っているように感じられます。より厳密には、こうした意識（自己意識＝自分が存在するという認識）の有無は、鏡に映っている自分の姿を見て、それが自分であるという理解ができるかどうかを観察することで

※38 ダニエル・C・デネット『解明される意識』青土社、1997年12月1日

確かめています。

具体的には、確かめたい生物の額にマークを付けて、鏡を見た生物がそのマークを取ろうとするかどうか（マークテスト）によって判定します。このテストに合格しているのは、人間はもちろん、サルの一部、イルカやシャチ、象や豚といった、限られた生物です（魚の一部でも合格したという報告があります）。ただ、このテストによれば、犬や猫には、自己意識がないという結論に（今のところは）なります。

犬や猫に、人間と同じような意識があるかというと、かなりグレーです。それは同時に、意識のあるなしには、生物の進化過程の違いによる強度（グラデーション）がありそうだということを意味するでしょう。そして、意識があるほうが生存上有利になった生物だけが、意識を発達させてきたと考えられるわけです。

意識の萌芽《ほうが》と言えるようなものは、人間よりもずっと前に登場した生物が持っていたと考えたほうが正しそうです。

それはちょうど目のようなもので、生物の種類によって、簡単だったり、非常に高度だったりという違いがあります。目が人間だけに与えられた特別なものではないのと同様に、意識もまた、人間にだけ与えられている特別なものではないでしょう。

それでも「私たちの意識はどう生まれたのか」という難題は解決していません。しかしそれは「生物はどう生まれたのか」という問題に帰着する話であり、生物と無生物の違いという、より本質的なテーマの存在を際立たせています。

このテーマのチャレンジには時間がかかりますが、きっと科学が明らかにしていくことだと考えられます。同時に、私たちの意識は「神」が人間にだけ与えたものではないからといって、それだけで「神」の否定にはなりません。もしかしたら「神」は、無生物から生物を造ったかもしれないからです。

自己啓発は、ここに不思議な理屈をつけてきます。

宇宙には意識の根源（ソース）があり、個々の人間は、その根源と直結しているから意識が存在するといったものが典型的な自己啓発の主張です。哲学はしかし、これに対してわからないという立場を崩しません。その態度は、ソクラテス以降、ずっと変わらないものです。

ここには「テセウスの船」と呼ばれる、哲学の重要な思考実験があります。私を構成するすべての物質が、完璧《かんぺき》に同じ状態でコピーされた場合、そこに存在する意識は、私と同じなのかというものです。※39

仮に意識が、自己啓発が主張するように根源からやってくるとするならば、私とはまったく違う誰かになるはずです。しかし意識が物質から生じるとするならば、私が2人いることになるでしょう。

注意したいのは、東洋には、このような不思議議を、理屈によらないで理解しようとする態度が存在してきたことです。近年では、「考えないで感じる」という東洋的なあり方が、世界中でブームにさえなっています。この点について、もう少し詳しく考えてみたいと思います。

※39 同じ思考実験が、スワンプマン（沼男）とも呼ばれることもあります。スワンプマンは、沼のそばで雷に打たれて死にました。同時にその雷は、沼の中で不思議な化学反応を起こし、死んだスワンプマンとまったく同じ構成を持った別のスワンプマンを生み出したとします。そのとき、新たに生まれたスワンプマンは、死んだスワンプマンと同じように自宅に帰り、職場に出勤します。はたして、この2人のスワンプマンには、別の意識が宿っていると言えるでしょうか。

東洋思想における決定的な弱点

真理に到達するには体験しかないとする東洋思想

哲学を真剣に学ぼうとすると、基本的には、西洋の哲学者や西洋的な学問を修めた哲学者（というよりもほとんど科学者）たちの名前ばかりを追いかけることになります。もちろんそれは、東洋に優れた思想がなかったことを意味しません。ただ、東洋思想には哲学を究めるうえで決定的な弱点があるので、なかなか有効に利用することができないのです。

では、東洋思想（哲学と分けて考えるため、あえて思想という言葉を使っています）と哲学の決定的な違いとはなんでしょうか。それは、東洋思想は「宇宙の真理を悟った人物の存在を信じる」のに対して、哲学は「宇宙の真理に向かって、少しでも疑えない事柄を積み上げる」という性格を持つということです。

東洋思想においては、まず、いきなり真理を悟った人物が出てきます。そして、真理を言葉で説明することを、はじめからあきらめてしまうのです。

これは後に続きたいと考える人間にとっては、なんとも困ったことです。しかし、それも仕方のないことなのです。なぜなら、東洋思想は「真理へは言葉による思考では到達することができず、体験するしかない」と考えるからです。

そもそも言葉による思考を否定するので、東洋思想は、哲学（できるかぎり疑えない言葉による思考の体系）にはなり得ないのです。

映画『燃えよドラゴン』※40の中には、伝説のカンフー・マスターであるブルース・リーが、次のようなセリフを述べるシーンがあります。

"Don't think, feel! It's like a finger pointing away to the moon. Don't concentrate on the finger, or you will miss all the heavenly glory."

※40 カンフー映画の金字塔とされる1973年の作品で、世界的なヒットとなっています。ブルース・リーは、この映画の公開直後、32歳の若さで死亡しており、本作が遺作となっています。撮影中に名を挙げようとブルース・リーに挑戦する者（エキストラの1人だった）が現れたり、ブルース・リーがコブラに噛まれたり（幸い毒は抜かれていた）と、撮影中の伝説も多数あります。

考えるな、感じるんだ。真理への道は、月に行くようなものだ。月を指さしても、月へは行けない。指に集中するのではなく、月そのものを感じようとしなければ、真理にはたどり着けないのだ。(筆者意訳)

実は、この有名なセリフには原典があります。それは、アジアに広く伝わる仏教思想の「月をさす指」という説法です。日本でも、禅問答の一つとして広く知られています。[※41]

この説法は、仏教をはじめたブッダ[※42]の教えを「指」にたとえ、真理を「月」としているのです。本当の仏教は、ブッダを「神」のような存在としていないことが、この説法の存在からも理解できます。仏教はむしろ、ブッダのことを、同じ真理に向かう同志としているわけです。

そしてここには、東洋思想に共通する真理との向き合い方が表れています。これはすなわち「指の研究」のような小さな事実を積み上げて、いつか真理にたどり着こうとする哲学的な立場の否定なのです。

しかし、その哲学が生み出した科学の力によって、人類は実際に月にたどり着い

※41 中村元『仏教のことば 生きる智慧』主婦の友社、1995年8月
※42 ブッダ(=目覚めた人)、本名ゴータマ・シッダールタは、紀元前5世紀ごろに登場した、仏教の開祖とされる人物です。当時のインドでは王族として妻をめとり子をもうけたものの、29歳のときに真理を求め、妻子を捨てて出家しています。
※43 古代インド(紀元前650年ごろ)最大の哲学者とされる人です。のちの仏教的な思想の基礎を作った人物としても注目されています。

ている（1969年7月20日）ことを忘れるべきではありません。真理についてはともかく、文字どおり月に行くという意味では、この（もっともらしい）説法は間違いということになります。

注意したいのは、「だから東洋思想はダメ」ということにはならないという点です。東洋思想の中には、哲学がやっとたどり着いた高みに、西洋に先んじること2000年という効率で到達しているような事例も実際にあるからです。

たとえば、私が本書で主張しようとしているテーマの根幹は、西洋的な哲学を前提とした仮説なのですが、これは、古代インドの聖人として名高いヤージュニャヴァルキヤ[※43]による「梵《ぼん》我《が》一《いち》如《にょ》」[※44]という思想と（ほとんど）同じなのです。私自身、このヤージュニャヴァルキヤの言葉[※45]とされるものに出会ったときは、衝撃を受け、しばらく呆然《ぼうぜん》としてしまいました。正直、そんな奇跡があるのか、と感じました。

東洋思想には、こうした天才的な人物が、いきなり登場してしまいます。ですから、哲学をする者であっても、東洋思想は決して無視できません。そこには真理に関するヒントが多数あるからです。

※44 この宇宙を支配する原理（梵＝ブラフマン）と私（我＝アートマン）は不可分であり、同一のものだという思想です。これを体験できたら、人間は苦悩から解放されるということを述べました。これは、ヤージュニャヴァルキヤによるオリジナルの思想ではなく、当時のインドでは伝統的な思想でしたが、ヤージュニャヴァルキヤは、めずらしくこれを言葉で説明しました。なお、これは「魂の不死」といったオカルトではないので注意してください。

しかしその発展を、いきなり真理を悟った天才の登場に依存している東洋思想には、限界もあります。それによって月に行くことができないように、それによってこの世界から貧困をなくしたりもできないからです。

まず、いきなり真理に到達できる天才は、人数的に、かなり限られているでしょう。なので、東洋思想においては、厳しい修行をしても真理には到達できない人のほうが圧倒的に大多数になります。

ここに自己啓発のつけ入る隙《すき》もまた生まれてしまうのです。もちろん、東洋思想を自己啓発だと言うつもりはありません。そうではなくて、言いたいのは、東洋思想のあり方は、東洋思想のフリをした偽物が生まれてしまう土壌を避け難く生んでしまうということです。ロジックの可能性を否定する東洋思想においては、誰にも、真理を悟ったと主張する人を否定することができないからです。

東洋思想の保存が自己啓発の土壌を生んでいる

東洋思想を求める場合、真理を悟った天才を、ただ信じてついて行くしかなくな

※45 井狩弥介、渡瀬信之訳注『ヤージュニャヴァルキヤ法典』平凡社，2002年1月1日

ります。結果として、天才は「神」と一体化した存在にまで祭り上げられ、東洋思想は（ほとんど例外なく）開祖を「神」としてあがめる宗教になっていくのです。

実際に、ブッダも孔子《こうし》も、本来は哲学者に近い存在なのですが、現在の世界では「神」として祀《まつ》られてしまっているでしょう。少なからぬ東洋思想の勉強会が宗教的なものになってしまうのも、こうした背景があってのことです。

このように、東洋には、真理（答え）を知っている人に（手軽に）依存するという文化が根付いています。そこに形成されている、感性を重んじ、ロジックの価値を低く考える土壌は、東洋の発展を、西洋に遅らせることになりました。この土壌が、自己啓発が広がる背景になっていることも明らかでしょう。

もちろん、まともな東洋思想の中には「紙に書いた目標は達成される」などといった低レベルなものはありません。また、西洋においては、感性が軽視されすぎたという反省もあります。ただ、真理に向かう態度は、東洋思想と自己啓発で、ほとんど違いがないという点には、かなり注意する必要があります。

繰り返しになりますが、東洋思想は基本的に考えるものではなく、体験して信じることしかできないものです。そしてそれは、結果として、宗教化せざるを得ないところが東洋思想における最大の弱点です。

東洋思想においては、その開祖が体験した真理が、本当に宇宙の真理なのか、それとも単なる誤解なのか、どのような角度からも否定したり、証明したりすることもできません。結果として、哲学のヒントになるような優れた思想と、単なるオカルトが混ざってしまいます。

そしてオカルトを前提とした宗教は、貧困ビジネスと結び付くと（開祖とその周囲のみが）劇的に儲かることになります。本当に残念なことですが、東洋思想と自己啓発は、非常に相性がよいのです。

言葉でロジカルに説明できないことは積み上がりません。仮に、この世界に東洋思想だけしか存在していなかったら、人間は月に行くことはできなかったでしょう。もちろん、月に行くことが大事ということではありません。ただ、東洋思想は、天才にのみその真理が伝わっていくという強烈な選民性があるのに対して、哲学には、その成果（たとえば、医薬品に代表される効果の証明ができる科学技術など）が万人に伝わっていくという特徴があります。

そして、現代の日本は、実は東洋思想のメッカです。日本の禅は、本来の仏教に最も近い形で残っているという意見もあるほどです。

アジアの中では特に急速に西洋化した日本では、東洋思想が廃《すた》れることの危機感が刺激され、東洋思想の優れた部分への注目が繰り返し求められました。そのため日本には、ほかのアジア各国よりも東洋思想の保存が丁寧に行われてきたという背景があります。

こうした東洋思想をルーツとして大切にする態度が「紙に書いた目標は達成される」というように明らかな嘘でさえ、広く受け入れられてしまう土壌の背景になっているとも言えます。その土壌を悪用しようとする自己啓発にとって、これほど都合のよい市場はないわけです。

なぜいきなり真理に到達できる天才が現れるのか

脳内には人間が理解できることのすべてが、はじめから入っている

そうは言っても、東洋思想の中には、哲学から見ても真理としか言えないものも存在しています。しかしそれを「奇跡が存在する証拠[※46]」にしないのが、哲学の態度です。実際に、いきなり真理に到達した事例というのは、東洋思想の世界だけでなく、哲学（科学を含む）の世界にも多数存在しています。

西洋でも、こうした不思議に対して、ギリギリのところで哲学を捨ててしまい、それを「神の啓示」とすることがあります。しかし本来の哲学は、そうした態度を許しません。不思議を不思議のままにせず、不思議なことを「神」の存在で説明し

※46 奇跡があるという立場は、その奇跡を起こす超自然的な力の存在を信じることになります。不思議なことをすべて奇跡として認識すれば、この世界は「神」が生み出したという結論になります。

※47 Fritz Zwicky（1898年～1974年）は、スイス人の天文学者で、20代後半に、アメリカに渡って、アメリカで活躍しました。ロケットに関する技術開発を行ったことでも有名です。

ないのが、哲学の大事な決まりでもあるからです。今度は少し、そんな西洋の例を見てみましょう。

中性子星に関する研究のパイオニアと言われる天文学者フリッツ・ツビッキー[※47]は、中性子星の概念にたどり着いたときは、それを説明できるだけの物理学や天文学の基礎がなかったことで知られています。

つまりツビッキーは、物理学や天文学の基礎を積み上げて超新星の概念に至ったのではないのです。実際に、この超新星が発見されたのは、それから34年も後のことでした。またツビッキーは、この宇宙の25％を占めると言われるダークマター（暗黒物質）の存在を予言しています。

ダークマターの予言は、長いあいだ無視されていたのですが、現在では、多くの天文学者がその存在を疑わないまでになっています[※48]。

エルヴィン・シュレーディンガー[※49]は、現代物理学の根幹をなす量子力学の基礎となるシュレーディンガー方程式を発見しました。このシュレーディンガー方程式を、ノーベル賞を受賞した物理学者リチャード・ファインマン[※50]は、次のように説明して

※48 ティモシー・フェリス『謎に満ちた 見えない宇宙』ナショナル ジオグラフィック日本版、2015年1月号
※49 Erwin Schrödinger（1887年～1961年）は、オーストリア人の著名な物理学者です。物理学上も多くの重要な発見に寄与していますが、哲学者としての側面も持っており、生命の発生に関する考察についても、現代にまで大きな影響を与えています。

います。[※51]

どこからこれがえられたのか。どこからでもない。これを諸君の知っていることから導き出すことは不可能である。これは、シュレーディンガーの精神から生まれたものである。現実の世界における実験事実を理解しようとする彼の苦闘のなかから発明されたものである。

シュレーディンガーは、実験などとてもできる状態ではなかった、第二次世界大戦の戦禍ですべてが失われたウィーンの地で、突然、量子力学の真理に気づいたのです。[※52]

こうした人間の不思議について、現代のコンピュータの基礎となる論理学を確立した哲学者チャールズ・パース[※53]は、人間には正しい仮説を立てる能力（the power of guessing right）があると提唱しています。[※54] これもまた、いきなり真理にたどり着くことがある人間の不思議について、パースなりの真理に至ったということです。

この不思議については、脳科学からの説明も試みられています。[※55] その結果として、

※50 Richard Feynman（1918 年～ 1988 年）は、アメリカ人の物理学者です。原子爆弾の製造（マンハッタン計画）に参加していたことで、後に非難もされています。1965 年に、日本人の朝永振一郎とともにノーベル物理学賞を受賞しています。

※51 リチャード・ファインマン『ファインマン物理学〈5〉量子力学』岩波書店、1986 年 4 月 7 日

人間が直感によってひらめきを得るときは、右側頭葉《みぎそくとうよう》から大量のガンマ波が出ていることがわかっています。また、瞑想をする僧侶の脳を調べた研究は、瞑想の時間とガンマ波の量には相関があると主張しています。[※56] ただし、ガンマ波が、実際にどのようにひらめきに作用しているのかは（まだ）わかっていません。

この背景を、心理学は「FOK（Feeling Of Knowing／既知感）」として説明しようとしています。簡単に言えばFOKとは「なんだか、知っている気がする」という、いきなり真理に到達できそうな「感じ（feeling）」を表現した言葉です。

このFOKという言葉には「feeling」という、先述したブルース・リーの「Don't think, feel!」というセリフと同じものが入っていることに注目してください。心理学は、西洋的な土壌から生まれて発展してきたものなのに、少し変な感じがするでしょう。

たとえば、「はじめて会った人なのに、なんだか昔から知っている気がする」というFOKがあったとします。

オカルトは、これを「前世の記憶」とし、だから自分たちの（科学的な証明が存

※52 なお、最近のスピリチュアルでは量子力学の偽物が流行していますが、それを語る人々も、それを聞く人々も、物理学の基礎を持ち合わせてはいません。自己啓発の権威付けに、よくわからないことが使われる例の一つです。

※53 Charles Peirce（1839年～1914年）は、アメリカ人の数学者です。哲学者としても名高く、知識の有用性に注目した哲学であるプラグマティズムと呼ばれる一派の創始者として知られています。

在していない）ロジックを信じなさいと言うかもしれません。しかし哲学では「脳内には、人間の顔認証の仕組みがあって、顔の特徴から危険なタイプや安全なタイプを認識しているのではないか」といった仮説を立てて検証します。

オカルトは、信じるしかありません。しかし哲学は、仮説が本当かどうか検証し、結果を世界で共有し、さらに後世に伝えていくこともできます。

東洋思想は「feeling」を「奇跡の証明」としてしまう傾向があります。これを宗教や自己啓発への求心力として使おうとする人々もいます。しかし哲学は「feeling」の原因を脳科学などのまな板に乗せ、その真の原因を少しでも疑えない理論として構築しようとするのです。本当にそれが大事な真理であれば、特定の天才にだけ使えるものにしておくのはもったいないからです。

著名な哲学者であるカント[※57]は「脳が理解できることは、物質としての脳そのものによって決まっている」という仮説を打ち立てています。これが真理なら、脳内には、人間が理解できることのすべてが、はじめから入っていることになります。そうであれば、いきなり真理にたどり着く天才が現れることも、まったく不思議なこ

※54 Lorenzo Magnani , "The Abductive Structure of Scientific Creativity: An Essay on the Ecology of Cognition".
※55 John Kounios , "The Eureka Factor: Aha Moments, Creative Insight, and the Brain", Random House, April 14, 2015.
※56 ジェフリー・M. シュウォーツ、シャロン・ベグレイ『心が脳を変える―脳科学と「心の力」』サンマーク出版、2004 年 6 月

とではなくなります。

こうした考えは、インターネット接続における「エンド・ツー・エンド原理（End-to-End Principle）[※58]」と呼ばれる原理とよく似ています。「エンド・ツー・エンド原理」は、もともとは「壊れやすく信頼できない部品によって、信頼性の高いネットワークを構築する」という目的のために発展してきた原理と言われます。

簡単に言えば、不完全な中継機を信頼せず、情報の発信源になる側と、その情報を求める側が、複雑なものを複雑なまま、直接的に連結するという発想です。この「エンド・ツー・エンド原理」は、ある意味で、とても東洋思想的です。

脳もまたネットワークです。そして、人間がなにかを理解するということは、取り扱う概念を哲学の言葉（科学を含む）で定義していくという作業になります。

ここで、言葉というのは、壊れやすく信頼できない部品です。人間が持っている言葉の中で、最も信頼性の高いものは数学ですが、数学では説明のできないことが実在する（ゲーデルの不完全性定理）ということは、すでにわかっていることです。[※59]

※57 Immanuel Kant（1724年～1804年）は、ドイツ人の哲学者です。現代の哲学に偉大な影響を与えている哲学者で、近代哲学の父ともされています。しかし、私生活では哲学の話をすることを嫌い、明るく社交的な人物だったようです。

※58 Saltzer, J. H.; Reed, D. P.; Clark, D. D., “End-to-End Arguments in System Design”, Proceedings of the Second International Conference on Distributed Computing Systems: 509-512, April 1981.

生物は生まれたときから「知るべきことを、知っている」

ここで少し、人間のように高度な言語を持たない生物について考えてみましょう。生物の世界では、進化論で説明がつくとは言え、つい「神」の存在を信じたくなるような、とても不思議なことが起こっているからです。

たとえば、素数ゼミ（周期ゼミ）の一種は、17年周期で大量発生をすることがわかっています。まとまって発生すれば、捕食者に食べられて絶滅する可能性（または個体として死んでしまう可能性）が減らせるからです。しかも、そうして大量発生をする周期を素数にしておけば、2年や5年といった周期で発生する捕食者からの攻撃を避けることができます。

また、ある種のワニは、生息している池が極寒の影響で凍りつくとき、鼻だけ氷から出して呼吸を確保します。[※60] ワニは、肺で呼吸をする生物なので、頭の上を氷で塞《ふさ》がれてしまうと、息継ぎをすることができず、窒息死してしまうからです。そうして鼻だけ氷から出した格好で、身体は冬眠状態を維持しつつ、池の氷が溶けるま

※59 これは「神」の証明ではなく、単純に人間の取り扱う言語の限界を示しているだけです。人間が数学に代わる言語を発明したり、または、人工知能が人間とは異なる方法で世界を理解するようになれば、オカルトが信じる「神」の領域を狭めていくことが可能です。

※60 CNN『ワニが水中で「冬眠」、鼻だけ氷から突き出す 寒波の米南部』2018年1月11日。

凍りつく池で鼻を出して呼吸をするワニ
Ⓒ George Howard, The Swamp Park, Ocean Isle Beach NC.

でジッと待っているのです。

カッコウは、自分では子育てをせずに、ほかの鳥の巣に卵を産んで、その鳥にひなを育てさせる、托卵《たくらん》という行動をすることで有名です。托卵されてしまう鳥は、20種類以上にもなります。カッコウの卵は、托卵される鳥の卵よりも早く孵化《ふか》します。そして、ほかの卵を巣から蹴落《けお》として、親がわりの鳥が運んでくる餌《えさ》を独り占めするのです。

素数ゼミは、17年も土の中で幼虫として過ごす中で、発生のタイミングを「せーの!」と話し合っているのでしょうか。ワニは、池の温度が低くなってきたら、鼻を水面から出すように親から指導されたのでしょうか。そしてカッコウのひなは、周辺の卵を蹴落とすというマニュアルを卵の中で読んでいたのでしょうか。どれも、あり得ないことです。

どう考えても、人間のように高度な言葉を持たない生物であっても、生物は生まれたときから「知るべきことを、知っている」わけです。

であれば、私たち人間の脳もまた、言葉で説明できることよりもずっと多くのことをはじめから知っているはずです。そしてそれは、物質としての脳に、物理的に書き込まれていることは疑えないでしょう。脳は、生まれたときから「知るべきことを、知っている」と考えたほうが自然なのです。

これはまさに、ネットワークにおける「エンド・ツー・エンド原理」と同じだと思います。複雑な宇宙の中にあって、その複雑さのうちで、自らの生存と生殖に影響を与えるようなことは、脳に書き込まれています。言語という不完全な部品を仲介しなくても、生物は、しっかりと生きていけるのですから。

これはつまり、人間以外の脳を持った動物はＦＯＫだけで生きているということでもあります。当然、人間もまたＦＯＫを持っていても、まったく不思議なことではありません。

実際に、人間がひらめきを得るときの脳の状態は、人間がなにかを「思い出そう」としているときの脳の状態と同じであることも指摘されています。[※61] しかも、このとき脳の報酬系が刺激され、快感をともなうと言います。

快感というものは、そもそも、理性によって生み出されるものではなく、欲求が満たされたときに生じるものでしょう。そうした欲求を持つものだけが、自然淘汰を（偶然）勝ち抜いてきたことを考えれば、私たちの快感は、私たちの生存と生殖にとって、非常に重要な意味があることは明白です。FOKは快感であり、それを大事にするというのも、生物として自然なことなのです。

そして時に、人間の中には、ほかの人よりもずっと優れたFOKを持つ天才が出てきます。東洋思想においては、そうした天才は、多くを語ることなく教祖になります。しかし西洋の哲学においては、それを皆が理解できる言語で表現しようとするのです。ここに、哲学の優位性があります。

念のために付け加えておきますが、これは「神」が脳に必要な情報を書き込んだということではありません。ダーウィンの進化論が言葉で教えてくれた自然淘汰の

※61 茂木健一郎『ひらめき脳』新潮社、2006年4月15日

法則に従って、気の遠くなるような年月をかけて自然に実現されたことです。

人間もまた「知るべきことを、知っている」と言うとき、その「知るべきこと」がこれだけ広く多様であるということは、本当に幸福なことだと思います。


哲学を定義することは難しいのですが、その一つの回答として「知を愛する」というものがあります。そして人間だけがFOKの天才が生み出す気づきを、言語によって、ほかの個体に伝えることが可能なのです。たとえ不完全であっても、言語こそが、人間という種をほかの動物よりもずっと地球で繁栄させた原因になっています。そして哲学とは、FOKを言葉にするということと同義だと思います。

あなたの中にある「うまく言葉にならないけれど、なんだか知っている気がする」という気づきを、簡単には疑えない言葉にするという試みこそが（きっと）哲学なのです。私たちが高度な言語を勉強する必要性も、ここにあります。誰かが言った怪しい言葉を鵜呑《うの》みにして信じるという行為は、人間の可能性を減退させるものにすぎません。安易に教祖を探すのをやめて、哲学という共同作業に参加すべきでしょう。

◆コラム――

曹操によるオカルト規制※62

悪質な自己啓発書を含めて、オカルトが流行るには時代背景の存在がありそうです。文書として確認できる歴史の中では、これに気づいたのは、『三国志』の英雄として名高い曹操孟徳《そうそうもうとく》でした。

戦争、貧困、疫病に見舞われる乱世においては、藁にもすがる思いで救いを求める人が増えます。そうした時代には、人々の不安を食い物にしようと、多くの自己啓発的なオカルトが現れるのです。『三国志』の時代もまた、オカルトに侵されたのでした。

そんな中、曹操は、当時蔓延《まんえん》していたインチキ商法を排除することに努めていました。曹操の子供、曹植《そうしょく》による『弁道論』には、次のような記述があります。

世にいる方士《ほうし》たちを、わが王（曹操）はことごとく宮廷に招き集められ

※62 酒井穣『曹操―乱世をいかに生きるか』PHP研究所、2015年6月15日

た。甘陵《かんりょう》からは甘始《かんし》が、盧江《ろこう》からは左慈《さじ》が、陽成《ようせい》からは郤倹《げきけん》がやってきた。甘始は行気引導（気功の技）に巧みで、左慈は房中術（滋養強壮の技）に明るく、郤倹は穀断（断食の技）をよくして、みな、年齢は三百歳になると公言している。

彼らを魏《ぎ》国の宮廷に集められたわが王（曹操）の真意は、こうした方士連中が、悪人たちとグルになって人々を騙し、迷信を煽《あお》りたてて民衆を惑わせるのを恐れたからである。（中略）

わが王（曹操）から太子（曹丕《そうひ》）以下、われら兄弟に至るまで、このような方士の言説を「お笑いぐさ」として、信じてはいなかった。そうであったから、甘始たちも上から与えられる待遇には一定の限度があって、俸《ほう》禄《ろく》も役人たちのそれに過ぎることなく、なんの手柄もないのに特別の恩賞を被《こうむ》ることもなかった。

曹操は、インチキ商法のグルを宮廷に閉じ込めることで、オカルトを民衆から遠ざけていたのです。しかし、そうした中には、ほんの少しですが、本物も混じって

※63 中田伸一『曹操と華佗』小山工業高等専門学校研究紀要、第32号、p203-212、2000年

いるものです。それが「神医」と言われた華佗《かだ》でした。

華佗に関する記述は多く残されており、正史にも16例の治療の記録があります。※63
華佗は、疫病が多く発生した『三国志』の時代を、現代における「国境なき医師団」のごとく、中国全土を放浪しながら駆け抜けた英雄でした。

華佗の故郷は、偶然にも、曹操と同じ、沛《はい》国譙《しょう》県（現在の安徽《あんき》省亳州《はくしゅう》市）です。現代でも、この地は中国四大漢方市場の一つに数えられ「芍薬《シャクヤク》の里」として知られています。シャクヤクの根は、鎮痛や止血作用がある生薬であり、華佗も当時、これを用いたという伝説があります。

現代では、この華佗は、腹部切開手術のための「麻酔」を世界で最初に発明した人物であると考えられています。『魏志《ぎし》』によれば、ここで華佗が用いたのは「麻《ま》沸散《ふっさん》」と呼ばれる麻酔薬です。

しかし、この麻酔技術を含めた華佗の医療ノウハウのすべては、曹操のオカルト規制によって、すべて失われてしまいました。曹操の右腕とされた荀彧《じゅんいく》による華佗恩赦の願い出があったにもかかわらず、曹操は華佗を殺してしまったのです。

華佗の直感が生み出した真理、その医療ノウハウがここにすべて消去され、世界

※64 現代の麻酔技術が確立したのは、1840年代のアメリカ・イギリスにおいてです。華佗の経口麻酔薬「麻沸散」の存在は、西洋でも1849年にフランスで発表されており、議論が巻き起こっています。なお、日本でも、1809年に華岡青洲（1760年～1835年）が「麻沸散」を復活させることに成功しています（華岡はこれを「通仙散」と呼んだ）。西洋に先んじること40年でした。
※65『魏書』華佗伝に「愛子の倉舒、病み苦しむ。太祖嘆いて曰く、われ華佗を殺ししを悔やむ」との記述があります。ここで「倉舒」は曹沖のあざなであり、「太祖」とは曹操のことです。

の医療技術は大きく後退することになりました。この医療技術の後退は、特に麻酔技術において顕著です。『三国志』の時代に華佗が確立していた麻酔技術が「復活」するのは、華佗の死後、なんと１６００年以上もあと[※64]になってからでした。

曹操自身が、後に愛児、曹沖《そうちゅう》を病によって失った（２０８年）ときに、華佗を殺してしまったことを深く後悔しています。[※65]曹操は、この曹沖[※66]こそ、自らの後継者であると考えていたので、これは大きなショックだったのです。

この曹沖を病で失ったことが、のちの曹氏による魏王朝がわずか45年間しか続かなかった真の原因とも考えられています。短命の王朝は、のちの王朝から悪者としてのレッテルを貼《は》られることが常であり、これが、現代における曹操の悪いイメージの拡散にもつながっています。

オカルトを取り締まることは非常に重要なのですが、そうして世間からオカルトと考えられてしまう思想の中には、東洋思想的な真理が含まれていることもあるわけです。本当の問題は、私たち人間は（まだ）オカルトと真理を区別するための優れた手立てを持たないということでしょう。

※66『曹沖伝』には、5, 6歳にして、まるで成人のように知恵があり、仁愛にあふれた人物であったことが記されています。エピソードとしては、呉の孫権から贈り物として象が届けられたときの話が有名です。曹操が、象の重さを測定する方法に悩んでいるとき、曹沖は「象を船に乗せ、その水面の高さの部分に印を付け、象を降ろしてから、印のところまで船を沈めるおもりの重さを調べればよい」と進言したと言います。曹沖は、13歳にて病死。

第3章

哲学への誘い

人生は道に似ている。
一番の近道は、だいたい、一番悪い道だ。
――フランシス・ベーコン

古典的な哲学のおおまかな流れ

プロタゴラスは「人間は万物の尺度である」と考えた

ソクラテス、プラトン、アリストテレスといった、古代ギリシアをルーツとする哲学の流れは、そのまま現代まで続いています。一般に、哲学を勉強するということになると、こうした哲学者と言われる人々の研究に触れることになるでしょう。ただ、どうしても注意したいのは、哲学をすることと、哲学者について学ぶことは、かなり違うということです。

カントに言わせれば、哲学とは、過去の哲学に知識を学ぶものではなく、自分の理性を用いて真理を探究することです。もちろん、哲学者について知ることも、自分の哲学にとって役に立つことです。ただ、多くの哲学者が述べるところは非常に難解で、とっつきにくく、そして退屈です。

少なからぬ人は、哲学に興味を持っています。というよりも、根源的に、哲学に興味のない人はいないと思います。特に自己啓発にハマってしまう人は、本当は哲学を求めているとも言えます。しかし、そうして哲学について学ぼうとしても、哲学者がそんな具合ですから、多くの人が挫折《ざせつ》することになります。

そうした背景に鑑《かんが》み、ここでは、まず、古典的な哲学の流れについて、簡素にまとめてみたいと思います。しっかりと哲学について勉強している人からは「不正確だ」「そんなことは言っていない」「前後の文脈を無視している」という批判があるでしょう。

ただ、そうして正確にこれを追いかけようとすると、人生が何度あっても足りません。それに哲学者について正確に語ることは、哲学ではありません。

以下、古典的な哲学にはどういう問いがあり、どう考えることができるのかということにフォーカスして、私の解釈を述べていきたいと思います。

※67 プロタゴラスは『神々について』という著作で「神」の存在を疑う言述を行いました。これによりプロタゴラスは不敬罪を言い渡され、アテネから追放されています。このときに、プロタゴラスの著作は、すべて焼却されたと言われています。

※68 プラトンによる『プロタゴラス―ソフィストたち』という著作があります。この中で、プラトンは、ソクラテスとプロタゴラスの対話という形式によって、プロタゴラスに代表される過去の哲学者たちのあり方を批判しています。

まず、古典的な哲学の流れは、プロタゴラス（紀元前500年ごろ〜紀元前430年ごろ）からはじめると、わかりやすいです。プロタゴラスの著作は現在まで伝わっておらず[※67]、のちにプラトンの著作[※68]でこっぴどく批判されているため、プロタゴラスについては、その正確な人物像はわからない状態です。

この点、『三国志』の董卓《とうたく》も似た扱い[※69]になってしまっています。ただ、非常に大事なことは、**プロタゴラスは「人間は万物の尺度である」という有名な言葉によって、哲学のはじまりに、一つの重要な立場を築いた**という事実です。

この言葉が意味するところは、絶対的な真理というものは存在せず、真理は、それぞれの人間がそれぞれに思い描く主観的なものにすぎないということです。これを相対主義（人間中心主義）と言います。

驚くべきことに、この相対主義は、最近の哲学においても議論される重要なテーマになっています。むしろ、現代社会における哲学の中心位置に、この相対主義があるほどです。

哲学は、真理を追い求めるために、あらゆる理解を疑うという立場によって成立しています。ですから、もし、プロタゴラスの言うように、絶対的な真理というも

※69『三国志』における董卓の存在は、悪役としてしか一般には認識されていません。しかし董卓は、当時の中国において、異民族との融和政策などを推し進めるグローバルな人物でした。また、圧倒的な権力を手に入れても自らは皇帝にならないなど、ただの悪役とは言えません。問題は、董卓についての記述がのちの権力者たちによるものしか残されていないことです。これによって、董卓は、その時代の悪のすべてを背負わされる運命となってしまいました。

のがないのであれば、そもそも哲学が成立しないことになります。**哲学のはじまりは、哲学そのものを疑うことからはじまっているわけです。**これは、いかにも面白いことです。

プロタゴラスが生きていた当時のギリシアは、背景の異なる様々な人種がひしめき合う、ダイバーシティの大きな社会でした。そうした社会においては、宗教観を代表として、様々な価値観がぶつかり合います。どうしても「誰が正しいのか」という争いが絶えなかったはずです。

プロタゴラスは、そうした社会に対して「絶対的な真理はないのだから、みんなそれぞれに正しい（人間は万物の尺度である）」と述べたのでしょう。これは、当時の平和にとって、画期的なことだったはずです。

ソクラテスは「そもそも哲学とはなにか」を考えた

これに対して、ソクラテス（紀元前469年ごろ～紀元前399年）は、絶対的な真理はあるが、誰もそれを知らないという立場を取りました。そして、絶対的な真理へ至る、知を求める態度を大切にしたのです。ですから一般には、哲学のはじまりを、このソクラテスに置くことも多くあります。

ソクラテスは、人間にとって最も重要なことは「善《よ》く生きる」ことであり、そのために必要なのは「知を愛すること」だと述べています。

ここから「愛（フィロス）」と「知（ソフィア）」を合わせて「哲学（フィロソフィア）」という言葉ができています。つまりソクラテスは、そもそも哲学の目的は「善く生きる」ことであり、客観的で一般化できる「知を愛すること」こそ、その手段であるとしたのです。ここは少し自己啓発的ですね。

そしてソクラテスは「知を愛する」ために必要なことは、自分がなにも知らないということを自覚することだとも考えました。これには、プロタゴラスが主張する「みんなそれぞれに正しい」ということを「みんなが間違っている」と逆転させる意味がありました。

このソクラテスの主張を特に「無知の知」と言います。これ以降「そもそも哲学とはなにか」という哲学の定義自体が、哲学における重要な議論になっていきます。

自分がなにも知らないことを理解したとしても……では、なにを土台として知を獲得していけばよいのでしょう。間違った土台のうえになにかを築いても、無意味になってしまいます。この土台は、決して疑えない事実でなければなりません。

しかし、すべてを疑うことを運命づけられている哲学は、ある意味で定義からして、そうした土台の存在を許しません。そうしてソクラテス以降の哲学は、様々な方向に発展しながらも、それこそ自己啓発のようになり、迷走します。

デカルトの「方法的懐疑」が人類を飛躍させた

そうして宗教がかってしまった哲学の再構築を試みたのがデカルト（1596年～1650年）でした。**数学者であり、近代哲学の父とも呼ばれるデカルトは、決して疑えない事実として「我思う、ゆえに我あり」という言葉を残しています。**つまり、こうして意識を持って考えている私が存在することは確かであり、疑えないという立場を取ったのです。

これは、当時の「神が創造したから、私が存在する」という自己啓発的な空気に対する、大きな批判になっています。デカルトは、なんでもかんでも「神」の仕業にされてしまう世界を離れ、哲学における**「方法的懐疑」**という概念を打ち立てます。「方法的懐疑」は、

(1) はっきりとした証拠がある事実のみを扱うこと
(2) ものごとを小さく分けて考えること
(3) 知識は単純で疑えない事実からはじめて複雑なものに発展させること
(4) 抜け漏れがないか常に見直すこと

という構成になっています。

この「方法的懐疑」は、現代の科学の発展を支える根幹になっています。勉強している人であれば、いわゆるロジカルシンキングも、これを基礎にしていることに気づくでしょう。彼の代表的な著作である『方法序説』が述べたのは「理性を正しく使い、真理を探究する学問の方法」でした。そうして、デカルト以降は、哲学と科学を分けて考える必要性は少なくなっていきます。この立場を特に「大陸合理主義」と言います。

プロタゴラス的な相対主義を再燃させたヒューム

ヒューム（1711年～1776年）は、このデカルトの立場に、プロタゴラス的な相対主義を持ち込むことで反対します。「我思う、ゆえに我あり」というような「こうだから、こう」という関係を因果関係と言います。そしてヒュームは、**人間が知ることができるすべての因果関係を疑うのです。それらは、たまたま、限られた経験の中で、正しそうに見えるにすぎないという立場です。**

その代わり、ヒュームが認めたのは、この瞬間に自分が感じていることのみが真実だということでした。これをデカルトがはじめた「大陸合理主義」に対して「イギリス経験論」と言います。当然、この瞬間に自分が感じていることは人によって異なるのですから、これはまさにプロタゴラス的な立場の再燃ということになります。

とはいえ、ヒュームは、地球が自転するから、太陽は東から登るといった因果関係まで否定したかったのでしょうか。

ここには哲学を学ぶ人の間でも議論があるのですが、私は、ヒュームはそこまでバカではなかったと思っています。そうではなくて、無尽蔵に生まれ、そして無批判に受け入れられていく因果関係に対して、危機感を投げかけるものだったのでしょう。仮に、かなりの程度に正しい科学的な法則が見いだされたとして、それが、次の瞬間に変化しないということは証明できるのでしょうか。とても難しいと思います。

だいたい、デカルトの「我思う、ゆえに我あり」という因果関係は、十分に疑える怪しいものです。なぜなら、私という意識そのものが、どのように生じているかは、いまだによくわかっていないからです。

わかっていないことを、疑えない真理とするのは「神」の存在を信じる態度とまったく同じです。そうして先にも述べた、「私たちの意識はどう生まれたのか」というのは、哲学において決着がついていない難問の一つとして、反デカルト的な意味でも残されることになりました。当然、今も解決していませんし、これからも（しばらくは）解決することはないでしょう。

また、今この瞬間に感じていることを真実とする「イギリス経験論」は、言葉による真理の追究をあきらめている東洋思想に近い発想であり、なかなかに疑えないものです。それによって、科学技術が発展していくことはありませんが、だからといって無視できる哲学ではないでしょう。

実際に人類は、かつて真実とされた科学的な知見が、後の世で否定されるという経験を繰り返してきました。現代の科学にも、常に、ヒューム的な懐疑がつきまとっていることは、大事な認識です。

サルトルによって自己啓発が否定される

サルトル（1905年～1980年）は、こうした過去の哲学の流れを受けて、すべてを疑うことができ、真理にはたどり着けそうもない人間のあり方に絶望します。これは、自分の力では悟れないという、親鸞が築いたのと同じ哲学です。

鉛筆であれば、なにかを書くことを目的としています。自転車であれば、移動することが目的です。しかし人間は、なにか目的を持った道具ではなく「目的を持たない自由な存在」です。しかも、仮にその目的を真理の探究としてみたところで、真理にはたどり着けないわけです。

しかし、生きる目的を与えてくれる「神」の存在を信じるのではなく、知を愛すると決めた人間であれば、自分が「目的を持たない自由な存在」であることを認めなければなりません。これは、自分がいかに生きるかは完全に自分の自由なのだけれど、絶対的な真理を持たない以上、その指針となるものはなにもないということです。ここで、自己啓発という存在のすべてが否定されます。

なにもかもが自由であることは、苦痛です。それは不確かな世界において、不確かなものを頼りにしながら、とにかく生きていかないとならないことを意味するからです。サルトルは、この絶望を「自由の刑」と表現しました。自己啓発の逆側にあるのは、哲学という「自由の刑」なのです。

行きすぎた自己啓発には、哲学による懐疑が必要です。逆に、行きすぎた哲学には、なんらかの信仰が必要なのでしょう。

人間は「自由の刑」の中だけで生きることはできません。絶対的な真理（それが存在するとして）に至るまでの期間にも、私たちは、なにかを決めて生きなければなりません。そのときの判断に用いられるのは、証明されていない考え方であり、信仰にすぎないことは、否定できそうもありません。

カントは哲学に命を与えた

サルトルとは登場する順序が逆になりますが、カント（1724年～1804年）は、この「自由の刑」を否定しています。カントは、そもそも人間は生物であり、脳を用いて考えるという物質的な制約を持っている以上、それほど自由ではないと考えるのです。

理性を使えば、どんなことでも考えることができるし、罪に問われることでさえ、罰を覚悟すれば実行することが可能です。そのように理性に注目すれば、自分は自由な存在だと思えるかもしれません。しかし欲求に注目すれば、私たち人間の理性は、それほど自由ではないことがわかるでしょう。

人間は目的を持たないように見えて、実際には、欲求が充足されることを目的として動いています。カントは、理性によって真理にたどり着こうなどということは、そんな人間には不可能だと考えました。

カントは、著作である『純粋理性批判』において「大陸合理主義」と「イギリス経験論」の限界を超えようとしています。その結論は、人間は、生物の種としての限界を共有しているのだから、共通する認識を人間の真理として取り扱うことができるということでした。

そうして共通する認識は、絶対的な真理ではないかもしれません。そもそも間違っている法則を、みんなで正しいものとして誤解しているだけの可能性のほうが高いでしょう。しかしその結果が、多くの人の欲求を満たしながら、戦争のない幸福な社会（永遠平和）を出現させるとするならば、問題はないはずです。ここでは、絶対的な真理は、それほど重要なものではなくなっています。

ポストモダンの時代に

そして、こうした哲学者を中心として発展してきた哲学は、現在、ポストモダンと呼ばれる「病気」に陥っています。

ポストモダンは、ある意味で、一番はじめに紹介したプロタゴラスの哲学の再燃です。要するに、絶対的な真理は存在せず、真理は、この瞬間を生きるそれぞれの個人によって異なるという立場です。

「他者にわかってもらう必要はない」という難解な現代芸術から「患者が痛いと言えば痛いのだ」という医学的な立場まで、ポストモダンは、現代社会の隅々にまで浸透しています。

私にとって真理であれば、それは真理であるというポストモダンの立場は、自己啓発にとって都合がよく、自己啓発が勢いを増してしまう社会的な背景にもなっています。ただ、哲学の歴史もまた繰り返すとするなら、次に立ち上がってくるのは、絶対的な真理の探究でしょう。私はそれが、人工知能の登場によって加速すると考えています。

人間に不幸をもたらす認識について

「自分こそが正しい」という絶望

人間は怒ることで、究極的には戦争に至る、様々な問題を生み出してきました。そうした人間の怒りの原因となるのは「自分こそが正しい」という認識です。プロタゴラスは、それを「みんな異なっていて、みんなが正しい」という相対主義にまとめました。これはある意味で、現代にも通じるダイバーシティの考え方です。

しかし「自分こそが正しい」という認識による弊害は、プロタゴラス的な相対主義では克服できませんでした。事実として、私たちは、いまだに戦争をしています。

この「自分こそが正しい」という認識は、自分とは異なる価値観を否定することでしか存在し得ないものです。同時に、他者からのアドバイスを聞くことができなくなるし、歴史に裏付けされた人類の知恵からも学ぶことができなくなります。

そしてこの「自分こそが正しい」という認識の背景にあるのは、人間の承認欲求です。その根幹は、生存と生殖を目的としている、生物の本能でもあります。

自分のほうが、ほかの人よりも正しければ、それだけ周囲から承認されるでしょう。結果として、自分を選んでもらえるわけです。それはしかし、他者が間違っていることを証明できてはじめて成立するものです。これは、絶望的に困難な作業であり、最終的には暴力（戦争）に至る人間の業《ごう》でもあります。

現実の社会において、暴力によらず「自分こそが正しい」と主張するためには、ビジネスやスポーツなど、なんらかの世界で成功し、富と名声を手に入れるしかありません。しかし、ここまで考えてきたとおり、そうした成功を手に入れられる人は、ごくわずかです。むしろ、成功しない人のほうが大多数というのが、哲学的な現実と言わざるを得ません。

競争社会における受験勉強は、こうした人間の病を助長させてしまうものです。暗記力を前提とした限られた勝負の世界では、自分のほうが、ほかの人よりも正しいことが（そうした遺伝子を持っている人には）簡単に証明できるからです。

そうして承認欲求を満たしてきた高学歴な人のほうが、自己啓発やカルト宗教の強烈な信者になりやすいのにも、この理屈が適用できそうです。「自分こそが正しい」と証明できることとの喜びを知ってしまっているにもかかわらず、現実には成功しないのですから。自己啓発にハマる人の属性として、大卒の男性、正社員であり、体育会系の背景を持っている人という事実も、このロジックで説明が可能です。「自分こそが正しい」と認識している人は、自分に都合の悪い事実を突きつけられると、その事実の解釈を変えることが知られています（認知的不協和）。

当たり前ですが、確率的に、自分が成功して、承認欲求を十分に満たすことができる可能性は、とても低いのです。その事実が受け入れられないとき、認知的不協和によって人間は自己啓発に走り、同じ理屈で、戦争にまで至ることができてしまいます。

興味を自分の外側に向けていくことが哲学

カントのように考えれば、人間の脳が（自然に）生み出す哲学というのは、こうしたひどい状況を克服するためのものです。哲学は、自分自身の認識でさえ疑うことを奨励しており、また、この世界のあり方に興味を向け、自分自身への興味を失うことを目指してきました。これは、人間による本能へのチャレンジとしての意味もあるでしょう。

大切なのは、哲学的なアプローチを学びながら「自分こそが正しい」ということを否定していくことです。

正しさを、自分の内側ではなく、外側に向けていくことが、哲学、そして科学の根本的な態度でもあります。それが仮に絶対的な真理ではなくても、この世界の素晴らしさに感動できるのは素晴らしいことです。自分がいかに矮小であることを自覚しても、幸福な気分になれる方法が存在しているのですから。

しかしカントでさえ、人間が「自分こそが正しい」という認識を完全に超えて、承認欲求が満たされないままに道徳的であることは不可能だと考えました。

それでも哲学は「自分こそが正しい」という人間を確実に不幸にする態度を、かなりの程度まで減らすことができるという意味で、重要なのです。それは、自分よりも重要ななにかを発見するための手段であり、そうした自分自身よりも重要なもののために生きるという救済の道でもあります。

実は「自分こそが正しい」という認識の克服に成功している人というのは、見分けるのが簡単でもあります。それは、自分の外側に対して強烈な興味を持っているということと同義だからです。

そうした人は、自分の成功にはまったく役に立たないことに没頭しています。それらは趣味だったり、ときには遊びだったりします。そして、この最たるものが、哲学的な真理を目指す文学と理学です。文学と理学という、まったくこの社会の役に立たない学問が、今、日本の大学の学部から失われようとしているのは偶然でしょうか。日本が沈もうとしている今、自己啓発が社会にあふれているのは、偶然でしょうか。

もちろん、私たちは生きていかなければなりません。その意味で、役に立つことを勉強するのも大事でしょう。

しかし、役に立つことというのは、当たり前ですが、目的ではなく、手段です。そうして役に立つことに勤《いそ》しむ目的が、承認欲求を満たすことであるかぎり、虚しい結果が待っています。しかしそれが、自分が没頭できる役に立たないことであるかぎり、私たちは平和のうちに暮らすことができるはずなのです。


子育てもまた、自分の承認欲求にとっては、役に立たないことです。

最近では子育てのコスパ（コストパフォーマンス）がマイナスだという意見を目にすることがあります。しかしそもそも、お金は、目的を満たすための手段なのですから、コスパがマイナスになることこそ、私たちの生きる目的でしょう。

子供の存在は、自分の外側に、自分よりも重要なことを生み出してくれる素晴らしいものです。ですから、哲学に向かう一番てっとり早い方法は、子供を持つことだったりもします。

そして「自分こそが正しい」という認識を加熱させる、行きすぎた競争社会が生み出すのは、例外なく少子化です。コスパがマイナスなことをしていては、競争社会では生き残れないからです。

特に先行きの暗すぎる日本においては、生きるために必要となるリソースが不足するため、本能的に子供を欲しくないと感じる人が増えます。子供が嫌いという人もいます。また、子供が欲しくても、なんらかの理由によって子供を得られない人も多数います。

そうして、子供の存在に頼れない今こそ、自己啓発ではなく、広い意味における哲学が求められているのではないでしょうか。

哲学を進めるときの留意点

再現性によって自己啓発を否定する

哲学は、理性によって、この世界の多くのことを理解しようとする試みです。そこで注意しなければならないのは、真理（正しいこと）をどのように判断するのかという部分です。ここに方法論がなければ、自己啓発も、真理に感じられてしまうことがあります。

そもそも自己啓発は、自分たちが正しいということを主張してきますから、自分の側に、その判断の仕方が備わっていないと、防衛できません。この判断を助けるのはデカルトによる「大陸合理主義」にルーツを持つ科学的な態度です。

ここで、はじめに、科学の限界についても考えておく必要があります。

この世界には、科学で判断できることと、科学では判断できないことがあります。むしろ、科学は、科学で判断できるという、かなり狭い範囲でのみ、発展してきたのです。そして、科学によって判断できない部分については「大陸合理主義」に従う哲学もまた、なにも言うことができません。

ただし、科学で判断できる狭い領域において間違いがあれば、それで、その対象は正しくないと結論づけることが可能です。そして、自己啓発の多くは、こうした科学によって否定することが比較的容易です。

たとえば、占星術は天体の位置に意味を見いだそうとする人類が長期にわたって信じてきたオカルトです。しかし、この宇宙には無数の星があり、人間の目では点のように存在する星も、本当は、人間の目では確認できないだけで、空一面に隙間《すきま》なく存在していることを知れば、非常にバカバカしく感じられるはずです。

もちろん、そうして否定できるのは、自己啓発が主張するすべてではありません。自己啓発が主張することの中で、科学が扱える限定的な領域についてのみになります。また、部分的に間違っているからと言って、その自己啓発が主張するすべてのことが間違いであるかどうかはわかりません。
ただ私たちは、科学的な間違いを訂正することなくそのままにしているという時点で、その対象を信頼することができません。

ここで、科学における信頼という言葉は、一般のそれとは少し異なります。科学における信頼には、二つの条件が必要となります。

一つは、相手の主張するところに論理的な矛盾がないことです。もう一つは、相手の主張するところを実行したら、自分もその相手と寸分違《たが》わず、完全に同じ経験ができるという期待、すなわち再現性（reproducibility）の高さへの期待があることです。この二つの条件が満たされるとき、その対象は科学的に信頼できると言います。そして、それは哲学においても信頼できるということになります。

注意したいのは、そこに論理的な矛盾がなかったとしても、本当は、それだけで相手の主張するところが真実であるかどうかはわからないということです。

実際に、マスコミで大きく取り上げられることもあるように、科学のふりをした嘘というものも、しばしば出現します。ただ、科学において信頼とは、論理的な矛盾がなく、かつ、再現性の高さに対して期待できることだということを、まず理解しておいてください。

なんらかの自己啓発が、その一部において、科学的に否定できたとします。その時点で、その自己啓発は、科学的な信頼を失います。それはつまり、その自己啓発が主張することは、再現性に乏しいということです。つまり、その自己啓発の主張を取り入れ、自分でやってみたとしても、同じ結果は得られない（再現性が低い）だろうということになります。

たとえば「紙に書いたことは実現する」といった自己啓発の主張は、実際に紙に書いたことが実現しないことも多いという証拠によって、その再現性が簡単に否定されます。それは、哲学においても、正しくないとされます。

哲学は、懐疑を前提としています。厳しいチェックを経ても、やはり正しいというときにだけ、それを真理（法則）と呼びます。科学は、そうした哲学を支える大事な手段です。論理的な矛盾を少しでも発見することができたら、または、再現性が低いと判断されれば、哲学としての仕事は終わりです。その時点で、その対象は哲学における真理ではなくなるからです。

魂は不滅なのか？

魂の不滅を疑うからこそ死の恐怖は乗り越えられない

少なからぬ自己啓発は、前世（今の人生を得る前に生きていたときの人生）というものがあると言います。魂は死滅せず、一つの命が終わってもなお、次の命を得て、魂は永続するという考え方です。ここで前提となっているのは、

（1）魂というものが肉体とは別に存在する
（2）それが死滅せずずっと残っている
（3）それが異なる肉体に時間を超えて宿る

といった条件です。

この主張の中には、その一部であっても、なんらかの真実がある可能性までは否定できません。実際に、この問題については、古代ギリシア時代から論争が存在しており、哲学（科学）では「正しくない」という証明もできず「わからない」という状態が続いています。問題は、そうして哲学では「わからない」ことを、どうして、一部の人々はわかってしまうのかという部分です。

そうした主張の中には、東洋思想のように、真理が隠れている可能性までは否定できません。ただ言えることは、わかってしまう人の大多数の主張は間違いであるという確率論だけです。

個人的にも、死別してしまった家族や友人など、もう一度会えたりしたら、素晴らしいとは思います。自分が死んだあとも、自分が愛する人々に会えたらと願わずにはいられません。もしそれが事実なら、死ぬことが怖くなくなります。

では逆になぜ、**私たちは、死を恐れているのでしょう。それは、私たち人間が、ずっと、こうした魂の不滅性を疑ってきたからにほかなりません。根源的には、哲学をしているからこそ、私たちは、死を容易には受け入れられないのです。**

人間には、ＦＵＤ（不安、不確かさ、疑念）を避けたいという欲求があることは、32～34ページで述べたとおりです。そして人間にとって、死こそ最大のＦＵＤであるとするならば、死を否定するような自己啓発が求められるのも当然です。ニーズが圧倒的に大きいのですから、ここには自己啓発ビジネスが大いに成立します。

哲学の立場からは、その大多数は間違いでありインチキなのですが、もしかしたら、本物も存在する可能性があることは、先にも述べたとおりです。しかし、その中のどれか一つの自己啓発を選んで、それが偶然にも真理である可能性は、それこそ天文学的に低いということも認識する必要があるでしょう。

そうした背景があってもなお、魂の不滅については、信じたくなる気持ちを抑えることができません。そうして個人的にこの問題について考えてきて、気になっているのは、まず、魂の数の問題です。

人類は、人口を増加させ続けてきました。日本は人口減少社会に突入していますが、世界的にはまだまだ増えていきます。しかし、いかなる種も、それが登場した初期には、かなりの少数ではじまるはずです。

たとえば、人類は100人からはじまったとしましょう（極端にはアダムとイブの2人からはじまったとされますが）。それが今や、100億人に迫ろうという勢いで膨《ふく》らんでいるのです。

では100人分の魂は、1億倍にまで薄まっているのでしょうか。どうにも信じられません。ここに対しては、魂はほかの生物にも種を超えて輪廻《りんね》転生《てんしょう》するといった反論もあり得ます。ただ、その場合は、前世が人間である可能性が極端に低くなり、少なからぬ自己啓発は否定できるでしょう。

次に気になっているのは、そうして魂は不滅であったとしても、救われないということです。

仮に魂は不滅であり、人類の滅亡まで、その再利用は継続していくとします。そうして次の人生を得たとして、そのとき私は、かつての家族や友人を、それと認識できないことは確実です。なぜなら、現在の私たちには、かつての家族や友人を、それと認識できないからです。

魂が不滅であるということが事実とした場合、私たちの死は、未来にあるだけでなく、過去にもあったと考えなければなりません。

要するに、生まれる前は死んでいたわけです。魂が不滅であるならば、将来の死というのは、生まれる前の状態に戻ることでもあります。その場合、魂が不滅であることをもって、私たちは、死の恐怖を乗り越えられるのでしょうか。私の場合は、そこに希望を持てません。

今をどう生きるかを考えることが哲学的態度

前世の記憶を持つという人がいて、そうした人の追跡調査が存在しています。そこに嘘が紛れ込んでいる可能性のほうが高いとは思いますが、それが真実である場合、どのように考えたらよいのでしょう。昔の時代を生きた、他者の記憶を持っているということは、それだけで、魂の不滅の証明となるのでしょうか。そんなことはありません。

科学的にあり得るのは、記憶は脳だけでなく、身体全体に保存されているということです。なんらかの形で、他者の身体の一部を体内に取り込んだ場合、そこから、

プラナリアの記憶は身体全体に保存されているのだろうか　© Sinhyu

その他者の記憶の一部が自分のものとして入手できてしまう可能性があるのです。

こうした不思議な事例は、プラナリアの実験の一つとして存在しています。プラナリアは、脳を持った初期の生物として、様々な実験の対象になっている生物です。このプラナリアは、身体を真っ二つに切っても、そこから二つのプラナリアとして再生して生きていくというユニークな特徴を持っています。[※70]

こうしてプラナリアを分割するという実験の中で、脳を持つ上半身の部分

※70 このメカニズムを理解すれば、再生医療に役立つのではないかということで、盛んに研究されています。

と下半身の部分に分けて、再生後の記憶を確認するというものがあります。[※71] 驚くべきことに、脳を持たない下半身の部分から再生したプラナリアは、分割する前の記憶の一部を保持していたのです。これは、生物の記憶は、脳以外の部分にも保存されていることを示しているでしょう。

前世の記憶ではなく、こうした、他者の記憶の一部を、偶然の形で、自分の体内に持ち込んでしまうという可能性があります。そのほうが、私たちには理解できない不思議な存在を定義しなくても説明できるため、納得はしやすいのではないかと思います。

いろいろと考えてきましたが、魂が不滅であり、再利用されているという可能性は、哲学でも科学でも、否定も肯定もできません。とはいえ、仮にそれが真実であったとしても、私たちと、私たちが愛していた人の死後の再会は、それと認識することはできません。

やはり死別は、私たちの意識にとっては、愛する人々との別れであることは厳然とした事実です。仮に永遠の命があるとしても、そこで、愛する人々とともにいら

※71 WIRED『記憶は脳の外にある？ プラナリアの実験からわかったこと』2013年8月8日。

れないのであれば、そこにどのような意味があるというのでしょう。

それでもなお、それが間違いである可能性が高くても、魂の不滅を信じるという立場もあります。ただそのときは、それが自分に都合がよいという動機を背景にしていないことが大事です。自分に都合がよいという動機は、自己啓発になるからです。

魂の不滅も、この宇宙の不思議を解明したいという方向であれば、哲学として成立する可能性があります。ただし、私たちは、死後を生きている人々との通信ができない以上、その証明は極端に困難であることは、付け加えておきたいと思います。

どのみち、生きる態度としては、魂の不滅は（まず）証明できないのですから、今の人生をたった一度のチャンスとして認識しておいたほうが、あとで落胆することがありません。そうした貴重なチャンスとして自分の命を認識し、それをどう生きるかを考えていくことが、哲学的な態度なのです。

私たちの成長と哲学の関係（キーガンの発達理論）

キーガンによる発達段階理論

ハーバード大学のロバート・キーガン博士（教育大学院教授）らが提唱する成人発達理論に注目が集まっています。これは、大人の成長を五つの段階に分けて考えるものです。※72

一つ目の発達段階は、言葉の獲得と、それによる基本的な思考段階です。「具体的思考段階」と呼ばれるもので、本書の読者であれば、すでに子供時代に通過している段階です。この段階では、具体的なものごとを頭の中で想像して考えることが可能となりますが、形のない抽象的なものごとを考えることはできません。

※72 加藤洋平『なぜ部下とうまくいかないのか―組織も人も変わることができる』日本能率協会マネジメントセンター、2016年4月3日の記述を主に参考にしています。

二つ目の発達段階は「利己的段階」と呼ばれるもので、自分以外の他者を、自分の欲求を満たすための道具として考える段階です。

他者の立場を知ろうとせず、とにかく、自分自身のことだけを考えて思考し、行動します。成人の約10％が、この段階に留まっているとされます。ある意味で、今の自分自身だけが真実ですので、自己啓発にもハマりにくい状態かもしれません。

三つ目の発達段階は「他者依存段階」と呼ばれるもので、成人の約70％が、この段階からの脱出に苦労しているところです。

自らの選択を、社会や組織の常識にゆだねようとする傾向があり、そうした選択の方法論を与える自己啓発のターゲット層でしょう。人数としても最大多数なので、民主主義社会は、この層の支持獲得を争うことになります。

この「他者依存段階」にある人は、ニュートラルであることを、あたかも知性の証明のようにして、自分の価値観が存在しないことを隠す口実にする傾向があるように思います。相対主義からすれば、そもそもニュートラルであることは不可能であり、当然、絶対主義でもニュートラルはあり得ません。ニュートラルを誇りにする人は、より専門的には「没個性化」と言って、自分自身を群れの中に隠すことで、生存確率を高めるという戦略をとっていると考えられます。

四つ目の発達段階は「自己主導段階」と呼ばれるもので、自分の価値観に従って、自律した人生を送ることができる状態です。

自分の成長に強い関心を持つという特徴もあります。成人の約20%がこれに相当し、ここまでくると、自己啓発をサプリメントのように利用することはあっても、それに効果がなければ捨て去ることもでき、哲学をする準備ができている状態にもあるでしょう。

なお、この「自己主導段階」にある人が、本来であれば自分への興味を失わせるために効果があるはずの瞑想をすると、かえって、自分は精神的に高度な状態にあるという意味不明な優越感を得やすいという指摘[※73]があるので、注意してください。

そして最後の発達段階は「自己変容段階」と呼ばれるもので、この段階に到達できている人は、1%以下のごくわずかとなっているようです。

自分の成長に対する興味を失っているという特徴があり、より哲学的です。自分の価値観を超えており、自分自身を他者と同じように観察できる状態になっています。本書で述べてきた哲学は、この段階にある人の態度であることは、容易に理解

※73 Gebauer, Jochen, Nehrlich, A.D., Stahlberg, D., Sedikides, Constantine, Hackenschmidt, D., Schick, D., Stegmaie, C.A., Windfelder, C.C., Bruk, A. and Mander, J.V. (2018), "Mind-body practices and the self: yoga and meditation do not quiet the ego, but instead boost self-enhancement."Psychological Science", 1-22.

できるでしょう。

役に立たないことを受け入れることが希望となる

キーガンの発達理論が伝えることは、**人間は、自分自身にしか興味のない自己啓発的な段階から、自分以外のものに興味が向かう哲学的な段階に向けて成長していく**ということです。そして、この発達を決めるのは年齢ではないという部分も、非常に重要なポイントです。

現在、キーガンの発達理論は、経営学の注目を集めています。それは、成人の発達の最終段階である「自己変容段階」にある人材でないと、組織や部下の成長に関心を示すことができないからです。つまるところキーガンは、優れた経営者というのは、哲学者であるということを言っているのです。

これは、すでに哲学者プラトンが「哲人政治」として主張していることです。

プラトンは紀元前400年ごろに活躍した古代ギリシアの哲学者です。このころにはすでに、現代社会でも求められるリーダーに関する考え方が存在していたと考えると、あらためて、哲学の力に感嘆させられます。

さて、大多数（キーガンによれば約70％）の成人が「他者依存段階」にとどまるとすれば、民主主義社会は、自己啓発のロジックを疑えないレベルで、ものごとを決めることになります。民主主義社会は、その運命として、衆愚《しゅうぐ》政治（愚かな意思決定で国家の運営がなされてしまうこと）に至ることが、プラトンによって予言されているのです。

プラトンは、そうした衆愚政治がはびこる状態においては、自らへの興味を失っている哲学者が独裁的な政治を行うことでしか、理想的な状態は実現できないと考えました。とはいえ、そうした独裁者が「自己変容段階」にあるかどうかは、本当の意味では外からは理解できません。恐ろしい人物が独裁者になれば、衆愚政治よりもひどいことになるのは、人類が歴史的に経験してきたことです。

ここで、意外と忘れられがちなのは、企業の中というのは、民主主義社会になってはいないことです。企業の中は、1票の格差が大きい、独裁社会になっています。そして現実には、現代社会を動かしているのは、民主主義ではなく、小さな独裁社

会を守っている多数の企業であることは、周知の事実でしょう。

現代社会を動かしている企業においては、出世と、キーガンの発達理論には大きな相関がありそうです。

企業におけるリーダーは、宿命として独裁者なのですから、プラトンが正しいとすれば、そうしたリーダーには哲学者であることが求められているのは、ほとんど自明のことです。だからこそ近年、このキーガンの発達理論が、企業における人材育成に取り入れられてきているのです。

横並びの「他者依存段階」にある人物がリーダーになると大変なことになるのも、いくつかの日本の大企業のひどい事例としてよく知られています。また本質的には自分にしか興味がない「自己主導段階」にある人物がリーダーになると、ブラック企業が出現することになります。

こうして考えてみると、自己啓発と哲学は、やはりどこかで通底していることがわかります。

哲学と自己啓発は、知識（それは現代的には教養と呼ばれる）を目的とするのか、それとも手段とするのかというただ一点において、ギリギリ、それぞれが存在する世界を分けています。とはいえ、手段と目的という言葉もまた、どちらも人間の欲求を満たす手段であるという意味では、同じことを別の角度から定義しているにすぎません。

欲求として立身出世を求めない人だけが、それを必要条件として、本当の意味で立身出世する可能性があるというのは、大いなる皮肉です。自分の欲求が自分では（ほとんど）コントロールできない以上、やはり、立身出世は運であると言うしかありません。

このキルケゴール的な絶望を受け入れつつ、わずかな希望を持って、なんの役にも立たないことを存分に楽しもうというのが、本書の主張でもあります。役に立たないことこそ、私たちにとって唯一の希望なのです。

◆コラム――
社会的弱者として生きることは自己責任ではない※74

偉大な生物学者チャールズ・ダーウィンは、進化論を提唱したことで有名です。では進化論とはなにかというと、これが、なかなかに難しい概念です。ダーウィンが着目したのは、すべての生物は子孫を「過剰生産」するという事実でした。すべての生物は、その環境の収容能力をはるかに超えて、多数の子孫を作ります。定員オーバーの船に、どんどん乗客がやって来るような状態をイメージしてください。

定員オーバーの環境では、食料や生殖の機会をめぐって、生存競争が起こります。生存競争があればこそ、生物は、特定の環境への適応を高めていきます。また、それがあるから、自分たちが生きられる新たな環境を探し出すという圧力も生じるのです。子孫の「過剰生産」が前提ですから、新たな環境が見つかった場合も、その環境でさえすぐに定員オーバーになります。収容能力にバッファ（余裕）などない

※74 本稿初出は介護メディア「みんなの介護」における筆者連載（第1回）『弱者への自己責任の強要は間違い!?』2017年6月6日

のが、生物の宿命なのです。現代における人類の世界でも、9人に1人が飢えていることを思い出してください。

ダーウィンが進化論で示したのは、子孫の「過剰生産」が生み出す生存競争であり、能力が活かせる環境を（偶然）見つけて適応したものだけが生き残るという自然淘汰です。この裏側では、生存競争に負け、環境に適応できなかった多数の脱落者が生まれているわけです。

ここで注意したいのは、**自然淘汰からの脱落者は、自己責任によって脱落しているのではないという点です。それはたまたま、自分の才能（形質）が活かせる環境が見つからなかったという偶然によって決まっています。進化論は、個体が努力することによって、自らとその子孫の運命を変えるということ（獲得形質の遺伝）を否定しています。**

人類にとって社会福祉とは、こうした脱落者に手を差し伸べるという行為にほかなりません。進化論が事実であれば（これを否定することは困難ですが）運が悪いだけで、誰もが脱落者になり得るのです。

ここで、人類はほかの生物とは違い、努力によって運命を切り開けると主張する人もいます。実際に自己啓発の主張は、ここに集約されているでしょう。ただ、それは特定の分野に興味を持って努力ができる才能（遺伝）があったからと考えることも可能です。むしろ進化論の発展は、個体の運命は遺伝と環境によって決まることを示し続けています。

人類もまた生物であるという事実に立ち返ったとき、クリアに見えてくることがあります。子孫の「過剰生産」は、環境の収容能力が成長しているときは、その環境が、個体の多くを幸福のうちに吸収できるということです。逆に、環境の収容能力の成長が停滞するときは、多数の脱落者が生まれます。

高度成長期には、社会福祉はほとんど問題視されませんでした。その背景には、社会福祉に関する教育が不十分で、脱落者の存在が見えていなかったということもあるでしょう。しかし本質的には、高度成長期には、環境の収容能力が十分に成長していたと考えたほうが正しいと思います。

この考えからすると、なぜ今、社会福祉が注目されてきているのかも明白です。環境の収容能力の成長が停滞しており、もしかしたら成長どころか衰退しつつあるからです。そして人類の場合、このインパクトは、ほかの生物よりもずっと大きい可能性さえあります。

ほかの生物の場合、脱落者になることは、即、死を意味します。ですから、環境の収容能力の成長が鈍化した場合、すぐに個体の死滅が発生し、個体の総数が調整されるようにできています。しかし、医療や社会福祉を充実させてきた人類の場合、こうした状況になっても「悲惨な状態のまま長生きする個体」が多数発生します。これにより、ただでさえ定員オーバーの船の中では、広い意味での戦争が起こりやすい状態が生まれるのです。

過去100年という（生物学的には）短期間の間に、環境の収容能力は劇的に成長してきました。背景にあるのは、科学技術の発展であったことは明白でしょう。それがいかに極端なものであったかを知るために、世界人口の推移を示したグラフを見てください（次ページ）。

こうした人口のグラフを見て「どうして現代社会では、これほど急速に人口が増えているのだろう」と不思議に思う人もいると思います。

旧石器時代から現代に至るまでの
世界人口の推移

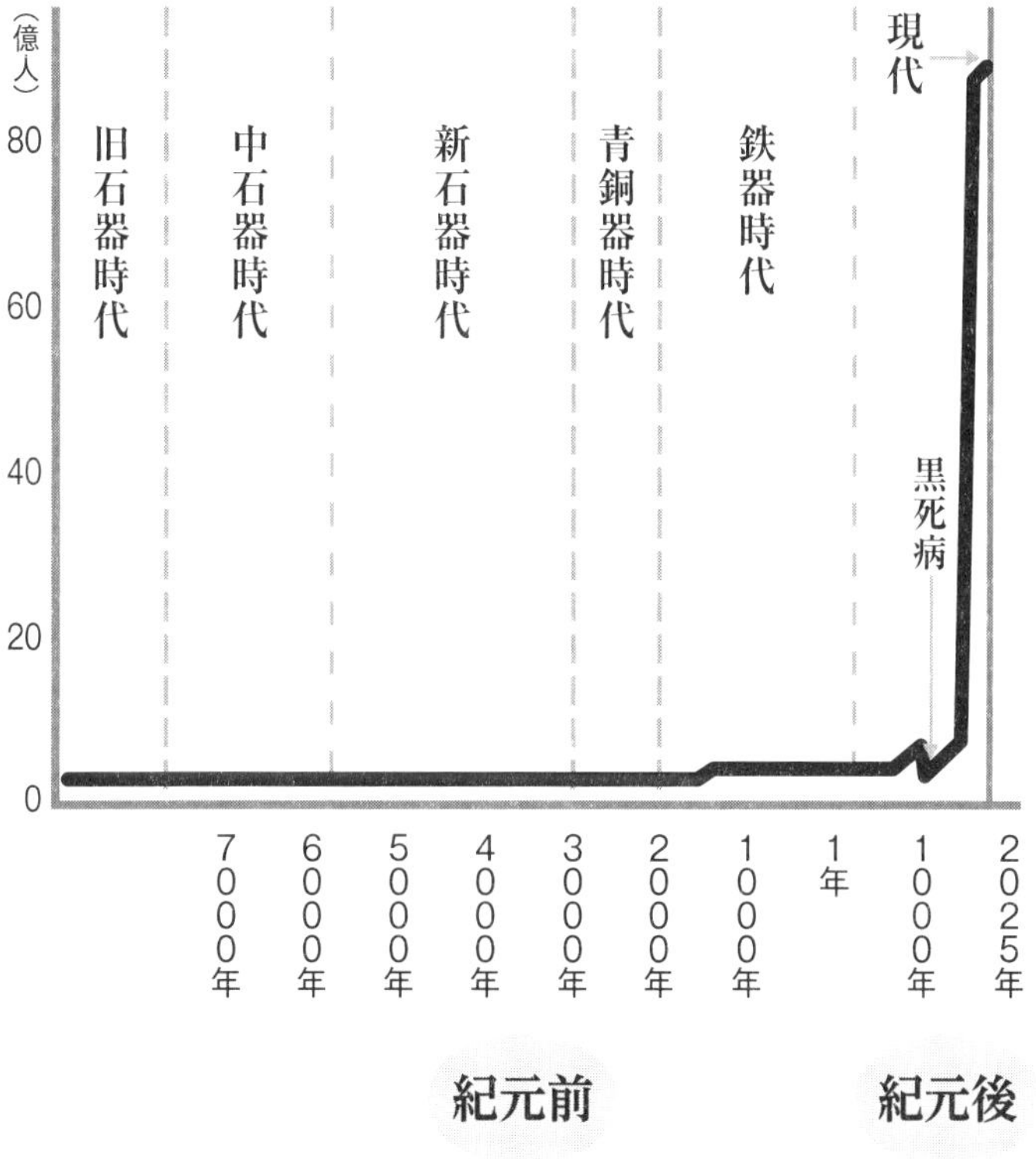

しかしこれも、進化論でうまく説明できます。そもそも、少しでもチャンスがあれば、その環境の収容限界まで一気に個体数を増やすというのが（ほぼ）生物の定義です。人口（特定の生物における個体総数）とは、つまるところ、その生物が適応する環境の収容限界を示しているのです。

では、常に、子孫を「過剰生産」するようにプログラミングされている生物が、少子化になるということは、なにを意味しているのでしょうか。

私は少子化の根本的な原因は、一般に信じられているように、晩婚化や共働きが増えたことではないと考えています。生物が少子化という状態に陥るのは、環境の収容能力が限界に達し、その成長が鈍化したときです。少子化とはすなわち、脱落者が極端に増えていく未来を予言するサインにほかなりません。

先進国においては、のきなみ少子化になってきています。これは、現在も急速に発展しているかのように見える科学技術は、もはや、環境の収容能力の拡大には寄与していないことを示しているとは言えないでしょうか。むしろ人工知能の登場などは、人類から生活の基礎を生み出す仕事を奪うばかりで、収容能力を減らす方向に貢献してしまいそうです。

このまま、先進国における収容能力の成長が鈍化していけば、これから起こるのは自然淘汰の顕在化です。しかも人類の場合は、これが個体数の調整ではなくて、生存競争の激化から生まれる戦争という方向で観察されるはずです。

少子化というのは、病気における表面的な症状のようなものです。頭痛がするからといって、頭痛薬を飲んでいれば大丈夫ということにはなりません。背景には、脳卒中のような恐ろしい病気が隠れているかもしれないのです。

少子化もまた、子供が欲しくないという頭痛ではなくて、人類が滅亡しつつあるという脳卒中に注目することを訴えるものとして認識する必要があるのです。

別の言葉で言えば、少子化が見られる現代社会の病気とは、環境の収容能力の成長が停滞しているということです。この成長が、劇的に改善しないかぎり、21世紀は略奪と戦争の世紀になってしまいます。ここで「自分は逃げ切った」と安心している富裕層は、人類史的には略奪のターゲットになることを覚悟すべきでしょう。

これを避けるために残されている可能性は、一つには、科学技術の開発を環境の収容能力を高める方向に寄せることです。

しかすでに、人類とその家畜の体重の総量は、野生動物の5倍となり、全体の約84％を占めるまでになっていることは、先にも述べたとおりです。これ以上、環境の開拓余地が残っているようには思えません。また、火星への人類の移住（テラフォーミング）が実現するには、あと１００年は必要です（火星に、強烈な温室効果ガスを放出する微生物を送り込むことで、これが早まる可能性もありますが）。

そうなると、人類の大量死滅を避けるには、もう一つの可能性しか残されていません。それは、富の配分効率を徹底的に高め、社会福祉を今よりもずっと充実させることです。すべての中間搾取を撤廃し、労働力を、環境の収容能力向上に対して配置することです。ここで求められているのは、まさに、人類社会の進化とも言えるものです。

こうしたことは、夢物語のように感じられるかもしれません。しかし、そうしないと大量死滅が起こるということは、進化論から考えると、飛躍の条件でもあります。自然淘汰の圧力が大きいところでは、進化も起こりやすいと考えられるからです。

幸か不幸か、人類の平均寿命の成長も、１２０歳程度を理論限界として、鈍化しつつあります（１３０メートルが成長の限界の木の話によく似ていますね）。収容能力の改善が、21世紀を希望の世紀に変える可能性は十分にあるのです。

世界中のどの国よりも早く人口減少がはじまり、少子高齢化が進んでいるのが日本です。日本という国家は、社会を進化させるという注目の舞台における主役なのです。日本こそが、このチャレンジへの対応策を世界に示すことになるということを自覚しなければなりません。未来の歴史家は、必ず、日本がこのチャレンジにどう対応したかを取り上げるでしょう（未来において人類が滅亡していない場合に限られますが）。

どのみち、確率論としては、私たちの多くが社会的弱者になります。それはしかし、自己啓発的な理由ではなく、進化論的な運の問題です。その結果に一喜一憂するのは無意味なことですし、そうした結果に対して、自己啓発が大きな影響力を持つことはあり得ません。哲学だけが、その悲しみを癒《い》やす力と、もしかしたら人類の課題解決のヒントを提供してくれるかもしれないということです。

おわりに

私の両親は、私が小学6年生のころ、離婚しました。とても悲しい思い出で、今も当時のことを思い出して、たまに泣くことがあります。とにかく、あの日以降、私は母ひとり子ひとりの母子家庭で育つことになります。中学では荒れてしまい、多くの人に迷惑をかけました。その因果か、母親は精神を病み、私がちょうど20歳のころから、介護を必要とする状態になりました。

あれから26年が過ぎた今も、母親の介護は続いています（今は要介護5です）。それでも現在の私は、仲間に恵まれ、仕事と介護の両立を支援する会社を立ち上げて、日々忙しくしています。本書を執筆しながら、そんな自分の人生を振り返り、自らの理性ではまったくコントロールできない人生の難しさを感じています。

落ち着いて考えてみると、自分の人生において、自分で選択したことの少なさに愕然《がくぜん》とします。自分で選択したように思えることも、哲学的に考えれば、そのほとんどが環境によるものだからです。

離婚してしまったとはいえ、私は両親から十分に愛されたという実感があります。両親の仕事が出版関係ということもあって、とにかく本に囲まれて育ちました。親《しん》戚《せき》からも愛され、優れた教師や上司にも出会い、良い友人にも恵まれました。

こうして本を書くようになったのも、簡単に自分の意見を表明することができるブログがブームになったからです。当時の私は、たまたま声をかけられたことでオランダに暮らしていました。ゼロからオランダを選んでオランダに行ったわけではありません。

私のブログは、オランダからの発信というだけでユニークな存在となり、読者の獲得も容易でした。そうして読者が増え、リアクションがあったことで自己顕示欲が刺激され、執筆にのめり込みました。そして執筆することそのものの楽しさを知ることになったのです。そんなブログでさえ、写真ブログをはじめた友人にすすめられて、なんとなくはじめてみただけでした。

1冊目の本となった『はじめての課長の教科書』（ディスカヴァー・トゥエンティ

ワン、2008年）を書いたのは、私が、日本とオランダの違いを体験できたからです。この本では、日本では当たり前のように存在する優れた中間管理職が、欧米ではほとんど見られないということを、日本の強みとして発表しました。

もちろんこれも、日本企業に勤務していたころの私が、優れた中間管理職との出会いに恵まれていたから理解できたことです。また、オランダに暮らしているときに、欧米の国々をめぐる必要のある仕事をアサインしてもらえたことも、この本を書くためには必要な環境でした。

この本は、短期間のうちにベストセラーになり、アジア各国で翻訳されることにもなりました。ベストセラーになったのは、当時、圧倒的な読者数を誇る書評ブログを書いていた小飼弾《こかいだん》さんと、ビジネス書の書評家として著名な土井英司さんに、この本の書評を好意的に書いてもらえたからです。

一度でもベストセラーを出すと（ある程度は）著者の要求で、好きな本が書けるようになります。そうして私は、現在まで「同じテーマでは本を書かない」というルールを自らに課して、経営書から料理本まで、20冊を超える本を世に送り出しています。出版社も、私が「同じテーマでは本を書かない」ことを知ってくれているので、それぞれに異なる執筆の依頼がきます。

本書がこうして完成するのも、たまたま、私の友人が自己啓発の世界に行ってしまい、いろいろと大変な思いをしたという事件があったからです。そしてフォレスト出版という、自己啓発書のラインアップで有名な出版社から、自己啓発そのものを否定するような本を出せたのは、たまたま、私に執筆させたいと考えてくれた編集者にも同じ問題意識があったからにほかなりません。

フォレスト出版は、絶対に「おまえが言うな」というツッコミを受けることになるでしょう。それでも本書を出すことに決めてくれたフォレスト出版には、哲学が生きていたのです。

とはいえ、本書を出版するかどうかは、編集会議でも営業会議でも議論になったはずです。このフォレスト出版の意思決定には、山口周さんが火を付けた、昨今の哲学・教養ブームが影響していると思われます。そしてこの山口さんは私の友人であり、私は、山口さんと飲みながら哲学について話をする機会に恵まれています。私も哲学についてなにか書いてみたいという欲求を得たのは、山口さんとの関係性があったからです。

こうした過去の運の良さは、私の性格や行動が「引き寄せた」のではありません。性格や行動の多くは遺伝子で決まっていますし、性格や行動に影響をおよぼすのは環境であることは、ほとんど証明されているからです。

それに、ここまでは運がよかったとしても、今後、なにが起こるかはわかりません。とにかく日本がダメになるのですから、確率的には、ほかの人と同じように、私もこれから大変な経験をすることになるはずです。また、私たちの人生は、震災ひとつで容易に崩れてしまう脆弱なものであることは、私たちの多くが経験したことでもあります。

今の自分は、自分の選択によって存在するのではありません。ですから「なりたい自分」になることは、基本的には不可能です。計画的なキャリア開発に成功している人など、本当は存在しないはずです。

私たちは、大海に浮かぶ木の葉のような存在にすぎないのです。就職活動中の若者でさえ、自己分析を進める中で、本当はこの絶望に気づいているはずです。ただ私には「なにもない」という絶望は、自己啓発にハマる危険な原因であるのと同時に、哲学の原点でもあります。

最後に一つ、面白いことがあります。私たちは、なりたい自分になることはできませんが、偶然、他者の環境にはなれるということです。一般には「私たちは他者を変えることはできないが、自分は変えられる」と言いますね。ですが、あれは嘘です。正確には「私たちは自分を変えることはできないが、それと意図せずに、他者であれば変えることができる」というのが真実です。

今の私を作ったのは、それと意図しない他者の存在であり、どう考えても出会いの運によります。これと同様に、私もまた、ほかの誰かの環境として、そうしたほかの誰かを変えてきたのだと思います。

本書の存在が、あなたの環境の一部として、あなたの中のなにかを変えることに貢献できたなら、著者として、これ以上の幸せはありません。その方向が、あなたの人生にとって良い方向であることを心より祈っています。また、よろしければ、本書の感想をください（アマゾンやブログなどへの書評でも、出版社あての手紙でも、どのような形式でもかまいません）。その感想こそが、著者としての私の新たな環境になるからです。

２０１９年２月　ポケモンで遊ぶ息子の面倒を見ながら

酒井穣

〈著者プロフィール〉
酒井 穣（さかい じょう）

株式会社リクシス創業者・取締役副社長CSO（Chief Strategic Officer）、新潟薬科大学客員教授、認定NPOカタリバ理事、介護メディアKAIGO LAB編集長。

1972年東京都生まれ。慶應義塾大学理工学部卒。Tilburg大学TIAS School for Business and Society経営学修士号（MBA）首席（The Best Student Award）取得。商社にて新事業開発に従事後、オランダの精密機械メーカーに光学系エンジニアとして転職し、オランダに約9年在住する。帰国後はフリービット株式会社（東証1部）の取締役（人事・長期戦略担当）を経て、東日本大震災をきっかけに独立。

主な著書に『はじめての課長の教科書』（ディスカヴァー・トゥエンティワン）、『これからの思考の教科書』（光文社・知恵の森文庫）、『幸せの経営学』（日本能率協会マネジメントセンター）、『曹操』（PHP研究所）、『料理のマネジメント』（CCCメディアハウス）などがある。

印税寄付プログラムChabo!参加著者。

〈装丁〉竹内雄二
〈DTP･図版作成〉沖浦康彦

自己啓発をやめて哲学をはじめよう

2019年4月10日　初版発行

著　者　酒井　穣
発行者　太田　宏
発行所　フォレスト出版株式会社
〒162-0824 東京都新宿区揚場町2-18　白宝ビル5F
電話　03-5229-5750(営業)
03-5229-5757(編集)
URL　http://www.forestpub.co.jp

印刷・製本　萩原印刷株式会社

©Joe Sakai 2019
ISBN978-4-86680-027-1　Printed in Japan
乱丁･落丁本はお取り替えいたします。

フォレスト出版の好評既刊

読まずに死ねない哲学名著50冊
哲学者　平原 卓・著
古代ギリシア哲学から現代哲学まで、読んでおきたい本をあまねく網羅した、表面上の難しさにとらわれずにポイントをつかめる一冊。
定価　本体一二〇〇円＋税

努力不要論
脳科学者　中野信子・著
本当に努力は報われないのか？　結局は才能なのか？　人気の脳科学者が禁断の領域を語りつくしたロングセラー。
定価　本体一四〇〇円＋税

自分一人で学び、極める。
大東文化大学准教授　山口謠司・著
わかったつもりがなくなる独学勉強法。知的創造力が高まる読解力・研究力の磨き方を説く。語彙力がないまま社会人になってしまった人へ。
定価　本体一四〇〇円＋税